中国旅游发展年度报告书系
Annual Development Report of China's Tourism

中国休闲发展年度报告 2017—2018

ANNUAL REPORT OF CHINA LEISURE DEVELOPMENT 2017–2018

中国旅游研究院

北京·旅游教育出版社

责任编辑：郭珍宏

图书在版编目（CIP）数据

中国休闲发展年度报告. 2017—2018 / 中国旅游研究院著. -- 北京：旅游教育出版社，2018.11
ISBN 978-7-5637-3866-3

Ⅰ. ①中… Ⅱ. ①中… Ⅲ. ①闲暇社会学－研究报告－中国－2017-2018 Ⅳ. ①D669.3

中国版本图书馆CIP数据核字(2018)第261596号

中国休闲发展年度报告2017—2018
中国旅游研究院　著

出版单位	旅游教育出版社
地　　址	北京市朝阳区定福庄南里1号
邮　　编	100024
发行电话	（010）65778403　65728372　65767462（传真）
本社网址	www.tepcb.com
E - mail	tepfx@163.com
排版单位	北京旅教文化传播有限公司
印刷单位	北京中科印刷有限公司
经销单位	新华书店
开　　本	787毫米×1092毫米　1/16
印　　张	7.25
字　　数	96千字
版　　次	2018年11月第1版
印　　次	2018年11月第1次印刷
定　　价	55.00元

（图书如有装订差错请与发行部联系）

《中国休闲发展年度报告 2017—2018》编委会

主任委员

戴　斌

编　　委（按姓氏音序排序）

戴　斌　何琼峰　蒋依依　李仲广　马仪亮
宋子千　唐晓云　吴丰林　吴　普　杨宏浩

《中国休闲发展年度报告 2017—2018》编辑部

主　　编

黄璜　中国旅游研究院区域旅游发展与规划研究所副研究员　博士

执 行 主 编

李雪　中国旅游研究院区域旅游发展与规划研究所博士

编辑部成员（按姓氏音序排序）

陈昕蕾　郭　娜　黄　璜　李　盛　李　雪
钮　钦　汪锦秀　吴丰林　于洪蕾　张佑印

目 录
CONTENTS

第一章 国民休闲总体特征 ……………………………………… 1
    一、中国居民休闲时间特征 ………………………………………… 2
    二、中国居民休闲内容特征研究 …………………………………… 15
    三、中国居民休闲空间特征研究 …………………………………… 27

第二章 休闲城市竞争力 ………………………………………… 43
    一、中国休闲城市竞争力内容 ……………………………………… 44
    二、中国休闲城市竞争力排名 ……………………………………… 49
    三、休闲城市竞争力数据分析 ……………………………………… 55

第三章 热点休闲产业专题研究 ………………………………… 67
    一、乡村旅游 ………………………………………………………… 68
    二、体育旅游 ………………………………………………………… 73
    三、研学旅行 ………………………………………………………… 88
    四、康养旅游 ………………………………………………………… 101

第一章
国民休闲总体特征

本报告选取北京、上海、广州、成都、西安、长沙、沈阳、武汉、南京、杭州10大城市作为调研地点，分别于2012年、2013年、2015年、2017年对3500名城乡居民休闲行为进行问卷调查和电话访谈，以此分析我国城镇居民、农村居民和退休居民的休闲时间、休闲空间和休闲内容特征与趋势。同时，根据10个城市所处的我国东、中、西部不同地区，对我国居民休闲行为的区域差异进行研究。数据显示，2012—2017年间，我国居民休闲呈现"休闲空间不断扩大、休闲活动日趋丰富、休闲时间持续减少"的总体态势。

一、中国居民休闲时间特征

（一）中国居民休闲时间呈减少趋势，工作时间持续增加

2012—2017年调查数据显示，我国居民的工作时间逐渐增加，劳动强度增大，休闲时间相应减少。从发达国家的发展轨迹来看，劳动者工作时间随社会经济发展呈现持续减少的趋势。1979—2015年，OECD国家全职劳动者的年工作时间总量从1921小时下降到1766小时。其中，德国全职劳动者2015年工作时间仅为1371小时。与发达国家相反，2012—2017年间，我国劳动者的工作时间持续增加，城镇全职劳动者的日均工作时间从2012年的8.13小时增加到2017年的8.23小时，相应地，年工作时间总量从1968小时上升到1992小时。农村劳动者每年从事农业劳动时间总量从2012年的2052小时增加到2017年的2495小时。

我国居民的工作时间持续增加，导致休闲时间相应减少。2012—2017年间，我国城镇居民工作日、周末和节假日的日均休闲时间分别减少了1.42小时、0.71小时和0.51小时，农村居民农忙时和农闲时的日均休闲时间分别减少了0.94小时和0.83小时。据OECD统计，2017年，OECD国家平均休闲时间为1892小时，我国城镇居民的平均休闲时间为1407小时，比2012年下降了20.7%；农村居民的平均休闲时间为1441小时，比2012年下降了18.4%；与德国、英国、美国、日本等发达国家居民2190小时、2050小时、1900小时和1577小时的平均休闲水平差距较大。

发达国家的劳动者休闲时间会随着社会发展呈现增加趋势，我国居民的休闲时间不升反降，与发达国家存在明显差距，主要原因有以下几点：一是发展中国家的特性决定了劳动力生产水平，我国经济处于快速发展阶段，生活节奏加快，居民的工作时间普遍增加，相应的休闲时间受到压缩。调查结果显示，2017年有71.4%的城镇居民和66.0%的农村居民表示，"工作时间过长，工作过于劳累"是制约休闲质量提升的最主要因素。二是假期制度不完善，目前我国居民尤其是城镇居民的休闲时间仍然集中在周末和黄金周，工作制度和家庭事务导致居民没有合适的休闲时间，带薪假期制度的建立势在必行。三是休闲观念落后，制约了健康休闲的发展。当前我国不少居民存在较为落后、肤浅的休闲观念，导致休闲行为上的偏差。长远来看，我国城乡居民休闲时间短缺的情况短期内还将持续，增加休闲时间面临较多阻碍，但居民的休闲活动和空间都将进一步扩大，一定程度上弥补时间短缺的短板。

（二）城镇居民工作日和周末休闲时间有所下降，节假日休闲时间明显增加

1. 城镇居民休闲时间总体呈下降趋势

2012年、2013年、2015年、2017年四年的数据显示，我国城镇居民的休闲时间整体未有太大变化，呈现休闲时间短缺、休闲活动主要集中在周末和节假日的总体特征。从趋势来看，自2013年以来，城镇居民整体休闲时间都有所下降，尤其是工作日休闲时间下降明显，从4小时左右下降到2小时左右（见图1-1）。与2013年、2015年相比，2017年城镇居民的休闲时间呈现出"两减一增"的特点，即工作日休闲时间和周末休闲时间有所下降，节假日休闲时间明显增加（见图1-2）。工作日休闲时间较短，多数城镇居民主要集中在2小时左右，较为短缺；节假日休闲时间最长，超过四成的城镇居民拥有7小时以上的休闲时间，较为富足；周末休闲时间居中，平均约5小时，处于正常范围[①]。造成城镇居民休闲时间短缺的主要因素包括：工作时间过长、劳动强度太大；缺乏休闲设施和休闲环境；家庭劳动过于繁重；通勤时间过长。超过80%的受访居民表示工作时间过长是主要因素，制约了休闲活动的开展。"十三五"期间，城镇居民的休闲意愿越来越强烈，休闲时间的短缺已经成为制约城镇居

---

① 不同休闲时间段的衡量标准不同，工作日和农忙时间的城乡居民休闲时间长短划分如下：不足2小时视为休闲时间匮乏，2~4小时视为休闲时间正常，5小时以上视为休闲时间富足；周末、节假日和农闲时间的城乡居民休闲时间长短划分如下：不足2小时视为休闲时间匮乏，2~4小时视为休闲时间较短，5~7小时视为休闲时间正常，7小时以上视为休闲时间富足。

民提高休闲活动质量的主要因素。国家应以落实带薪休假为突破口，构建提升居民休闲水平的社会支持体系，切实保障居民的休闲权利。

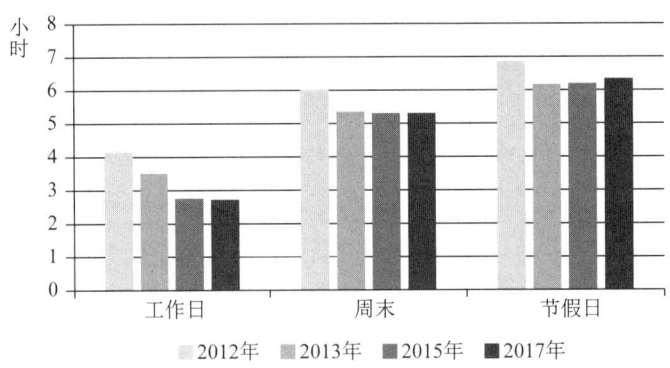

图 1-1　2012—2017 年城镇居民不同时段休闲时间

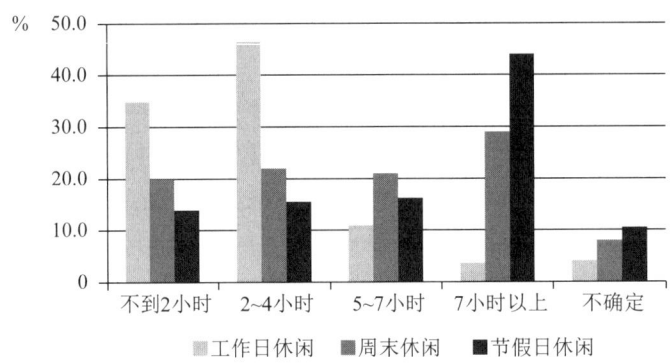

图 1-2　2017 年城镇居民不同时段休闲时间比例

2.城镇居民工作日休闲时间持续下降

2017 年，我国超过半数城镇居民的工作日劳动时间以 6~8 小时为主，近四成的城镇居民工作时间超过 9 小时，平均休闲时间仅为 2.73 小时，比 2012 年减少了 1.42 小时。近四年的数据显示（图 1-3），工作日休闲时间不断减少，城镇居民的休闲时间集中在 2~4 小时间，4 小时以上的工作日休闲时间基本上随着年份增加而减少。这种情况在短期内不会改变，带来的影响就是工作日劳动时间越长，剩余的休闲时间越短。由此可以看出，我国城镇居民的工作日休闲时间整体缺乏，多数居民在工作日期间没有足够的休闲时间。

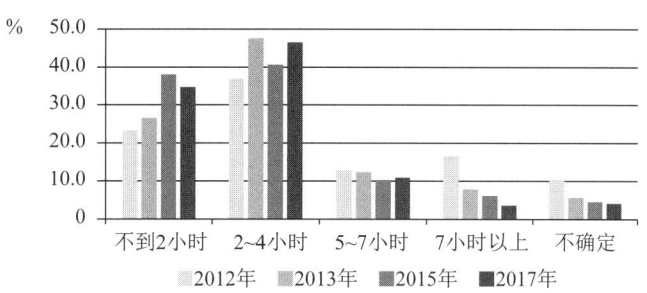

图1-3　2012—2017年城镇居民工作日休闲时间比例

3. 城镇居民周末休闲时间呈下降趋势

近四年的数据可以看出（图1-4），周末形成城镇居民休闲活动的小高峰期，居民一般选择耗时较短的休闲活动，平均休闲时间约5小时，基本属于正常的休闲时间范围。2017年城镇居民的周末平均休闲时间为5.32小时，比2012年减少了0.71小时，趋势基本与2013年和2015年持平。超过四成的居民周末休闲时间小于平均时间，说明近半数难以享受正常的休闲生活。

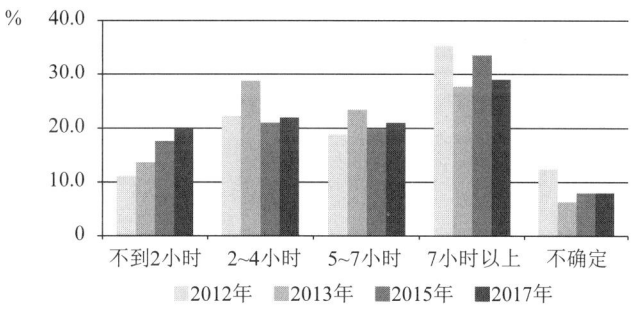

图1-4　2012—2017年城镇居民周末休闲时间比例

4. 节假日渐成城镇居民外出进行旅游休闲的高峰期

由于工作日休闲时间和周末休闲时间的短缺，黄金周休假制度的实行，城镇居民会有意识地增加节假日休闲时间，达到放松身心的目的。近四年的数据显示，我国城镇居民节假日平均休闲时间在6小时以上。2017年节假日期间，我国城镇居民的休闲时间明显增加，平均休闲时间达6.35小时，约40%的居民拥有超过7小时的休闲时间（图1-5）。在此期间，居民会从事更远距离和花费较长时间的休闲项目，其中旅游活动最受欢迎。

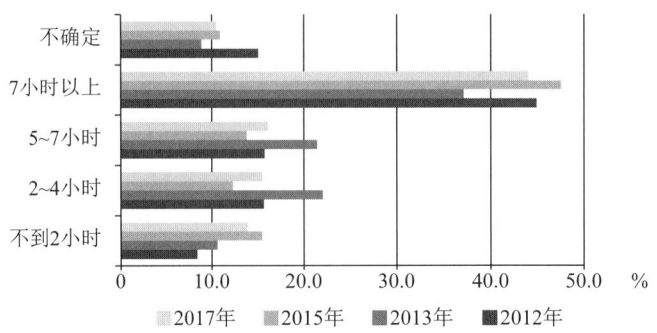

图1-5 2012—2017年城镇居民节假日休闲时间比例

(三)农村居民农忙时休闲时间呈下降趋势,农闲时休闲时间呈上升趋势

1. 农忙时农村居民劳动时间长、休闲时间短

农村居民在农忙时节的休闲特征为"一长一短","一长"即农忙时节的劳动时间长,强度较大,"一短"即休闲时间较短。2012—2017年间,我国农村居民劳动时间主要集中在6~8小时和10小时以上两个时间段(图1-6),2017年有24.6%的农村居民劳动时间在6~8小时,有13.0%的农村居民劳动时间在9~10小时,劳动时间超过10小时的农村居民达26.8%,可以看出,农村居民的劳动时间有继续增加的趋势。另一方面,不干农活的农村居民比重逐年增加,从2012年的8.7%上升到2017年的12.0%。由于社会经济发展,一部分从事农活的劳动力转移到其他行业,新生劳动力不会干农活的比例上升,导致不干农活的人数上升。除去每日必需的生理活动和处理家庭事务的时间,60%以上的农村居民休闲时间难以保证。这一情况侧面反映了农业生产的季节性特点,也与我国长期以来农业社会所形成的农忙作、农闲息的生活规律相吻合。

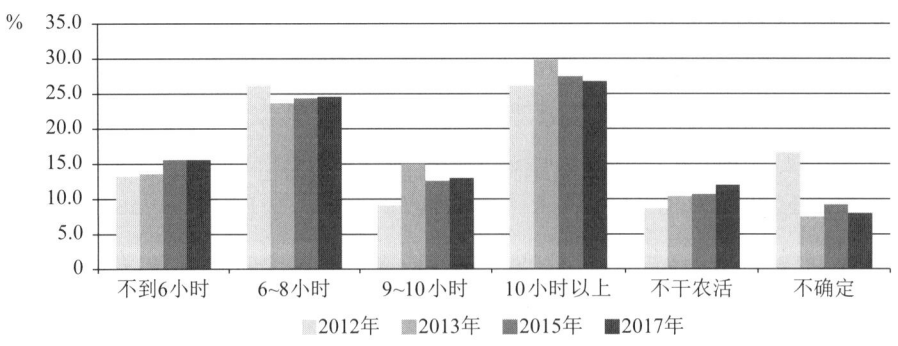

图1-6 2012—2017年农村居民农忙时劳动时间比例

农忙期间，农村居民休闲时间严重不足。总体来说，农忙时节并非农村居民开展休闲活动的主要时段，但近年来农村居民的农忙休闲呈现持续减少的态势。近四年数据显示（图1-7），我国农村居民普遍休闲时间短缺，休闲时间不到2小时的农村居民占比皆超过三成，到2017年占比接近半数，休闲时间在5~7小时和7小时以上的农村居民逐年递减，以上数据反映出我国农村居民农忙时休闲时间持续减少的趋势。2017年我国农村居民的平均休闲时间为2.71小时，比2012年减少了0.94小时。48%的农村居民休闲时间不到2小时，属于休闲时间匮乏人群，其中，超过三成的农村居民几乎没有时间休闲，15%的农村居民休闲时间不足2小时（图1-8）。尽管农村居民农忙时节的休闲时间短缺，休闲时间富足的人群比例仅为21%，但仍然高于城镇工作日休闲时间富足人群所占的比例（15.2%）。

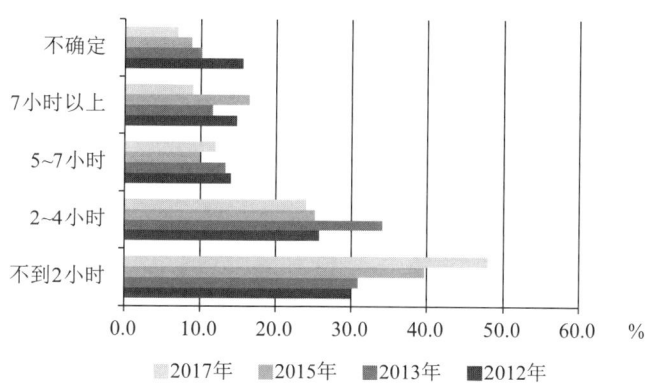

图1-7　2012—2017年农村居民农忙时休闲时间占比

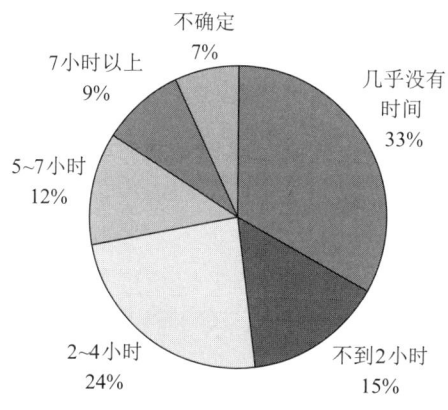

图1-8　2017年农村居民农忙时休闲时间比例

2. 农村居民主要休闲时间集中在农闲时节，呈上升趋势

农闲时节是农村居民开展休闲活动的主要时段。农闲期间，我国农村居民的劳动时间较少，休闲时间较多。2012—2017年间（图1-9），农村居民的农闲时劳动时间基本呈"U"形，近四成的农村居民劳动时间小于6小时，劳动时间在9~10小时和10小时以上的农村居民不超过10%，农闲时节不干农活的农村居民在逐渐增加，2017年达到最多，占比27.2%。2017年，我国农村居民的每日平均劳动时间为3.84小时，相当于农忙时节劳动时间的一半。其中，27.2%的农村居民表示农闲期间不干农活，超过35%的农村居民在农闲期间劳动时间小于6小时，相当于六成以上的农村居民拥有充足的休闲时间。然而，仍有11.6%的受访居民其劳动时间超过9小时，说明部分农村居民处在全年无休的状态。

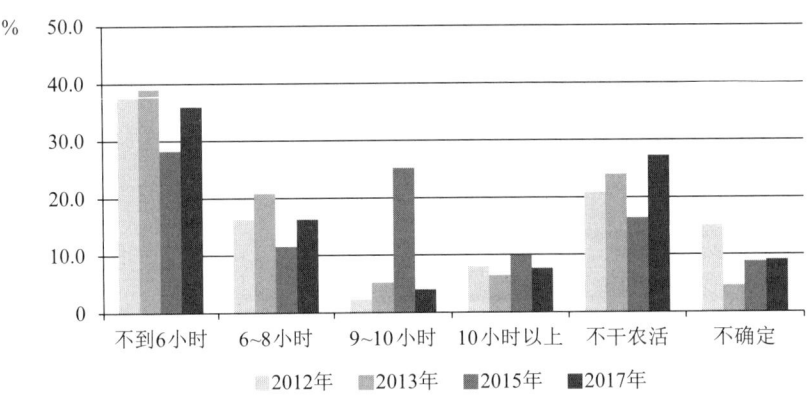

图1-9　2012—2017年农村居民农闲劳动时间占比

农闲时节的农村居民休闲时间较多，2012—2017年间，农闲时休闲时间不到2小时的农村居民比例增加，而休闲时间在2~4小时和5~7小时的农村居民比例有所上升，分别由2012年的20.5%和16.7%上升到2017年的21%和17.4%（图1-10）。究其原因，农村生产方式的多元化，科技在农业发展中的应用，改变了传统农业对劳动力的需求模式，将部分农村居民从繁重的农事劳动中解放出来，所以农村居民农闲时节可以获得更多的休闲时间。2017年我国农村居民农闲时每日平均休闲时间为4.65小时，相比农忙时节，增加了1.94小时。其中，农闲时休闲时间超过7小时的农村居民占比最高达24%，这部分农村居民的休闲时间富足。休闲时间在正常范围内的农村居民占比17%，而每日休闲时间较短的农村居民比例为21%，另有26%的农村居民休闲时间不到2小时，16%的农村居民几乎没有休闲时间，处于全年无休的状态（图1-11）。

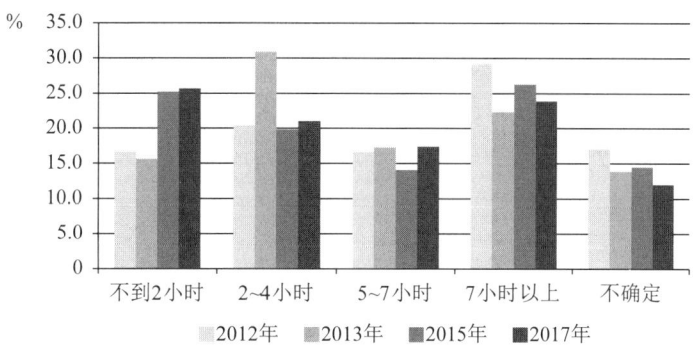

图1-10　2012—2017年农村居民农闲时休闲时间比例

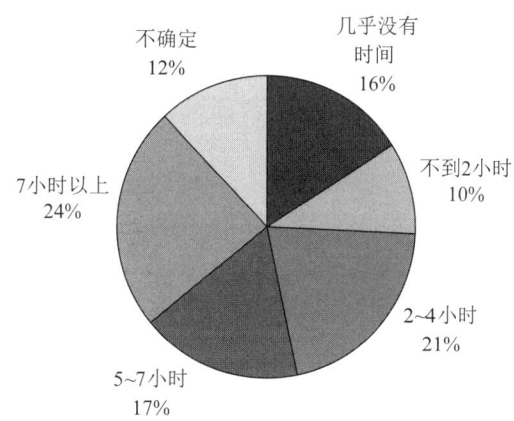

图1-11　2017年农村居民农闲时休闲时间比例

（四）退休居民休闲时间总体比较富足

1. 退休居民休闲时间总体比较富足，呈上升趋势

退休居民是应大力开发的休闲市场，作为有钱有闲的特殊阶层，我国退休居民的休闲时间比较充足，时间安排更加灵活。从2013年、2015年、2017年我国退休居民的休闲时间变化趋势来看（图1-12），我国退休居民的休闲时间逐年增加，休闲时间在2小时以下和2~4小时的退休居民人数逐年下降，休闲时间在7小时以上的退休居民比例迅速上升，由2013年的25.6%上升到43.6%，增加了18%，休闲时间段在5~7小时的退休居民人数比例没有发生太大波动。2017年，

我国退休居民的每日平均休闲时间为6.54小时,明显高于城乡居民。从休闲时间结构来看,退休居民每日休闲时间在7小时以上的超过四成,5~7小时的退休居民占比18%,休闲时间富足和休闲时间正常的人群比例明显高于工作人群。每日休闲时间不到2小时的退休居民比重为14%(其中仅有9%的退休居民几乎没有休闲时间),可见,休闲时间匮乏的退休居民属于少数。这部分由于退休居民由于兼职或替儿女分担家务等原因,导致休闲时间较少。

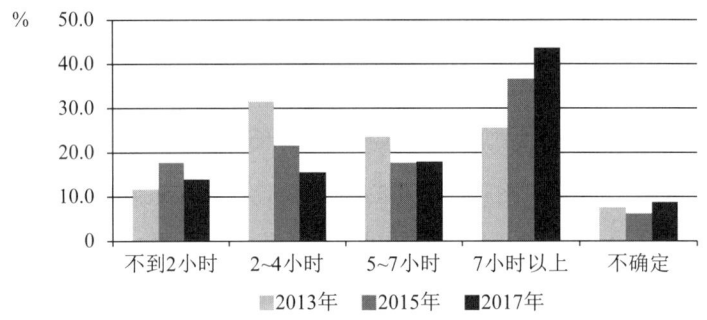

图1-12　2013—2017年退休居民不同时间段休闲时间比例

2. 退休居民与城镇居民在节假日的休闲时间分布呈现高度一致性

2017年退休居民的休闲时间分布一大特征是与城镇居民的节假日休闲时间分布走向相似(图1-13)。对于退休居民来说,只要拥有充足的可支配收入、充分的旅游动机,多数都有随心所欲进行休闲活动的时间。退休居民的一大特点就是休闲时间不再有节假日的硬性时间约束,可以从容避开节假日等出游高峰期。有钱有闲的退休阶层是当前我国休闲市场开发的重点,应该从旅游产品供给角度为这部分人群提供更加符合其需求的休闲产品。

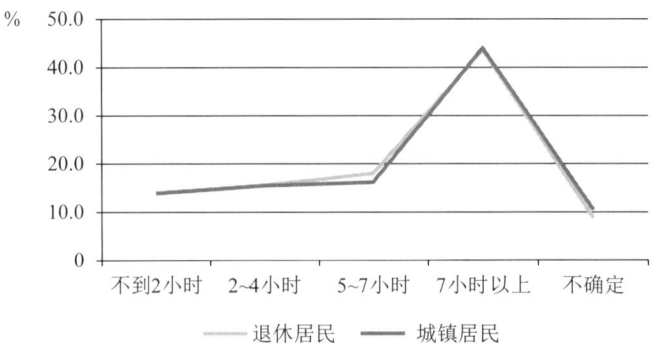

图1-13　2017年退休居民休闲时间与城镇居民节假日休闲时间比例

（五）国民休闲时间区域差异特征

1. 东部地区城镇居民休闲时间少于中西部地区，但时间差距有减小趋势

2012—2017年工作日期间，东、中、西部地区城镇居民休闲时间分布相似（以2017年为例，图1-14），休闲时间集中在1~2小时内，且整体处于下降趋势，但各地区下降速度和幅度存在差异。东部地区经济发达，城镇居民的工作强度较大，休闲时间少于其他地区，且呈下降趋势，但随着中西部地区的经济发展，中西部城镇居民的工作时间逐渐增加，休闲时间呈相反趋势。以休闲时间小于1小时为例（图1-15），总体来看，四年间各区域休闲时间小于1小时的居民人数占比在波动中有所增加，其中东部地区人数占比稳定上升，西部地区增加幅度最大，而中部地区波动最明显。

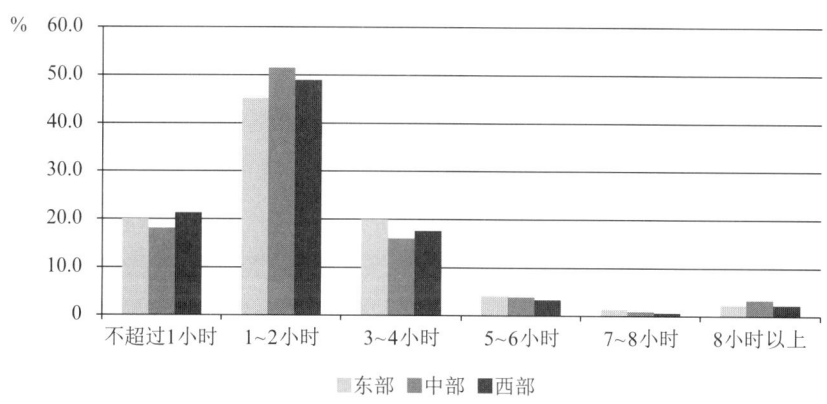

图1-14　2017年不同区域城镇居民工作日休闲时间人数占比

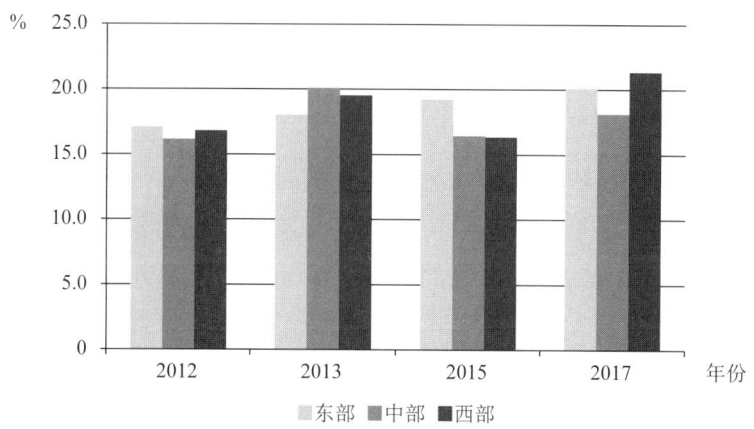

图1-15　2012—2017年不同区域城镇居民工作日休闲时间人数占比（小于1小时）

总体来看,东、中、西部地区城镇居民的周末休闲时间趋势相似(以2017年为例,图1-16),集中在1~2小时和3~4小时两个时间段内。在2012—2017年间,东部和西部地区城镇居民的周末休闲时间处于波动状态,中部地区的周末休闲时间跟前两者相差不大,局部存在差异,但中部地区城镇居民的周末休闲时间在6小时以上的比重多于东部地区,而休闲时间在5~6小时之间的城镇居民比例小于东部地区。而西部地区休闲时间在6小时以上的城镇居民比例整体小于中部地区,休闲时间在5~6小时间的城镇居民比例整体高于中部地区。

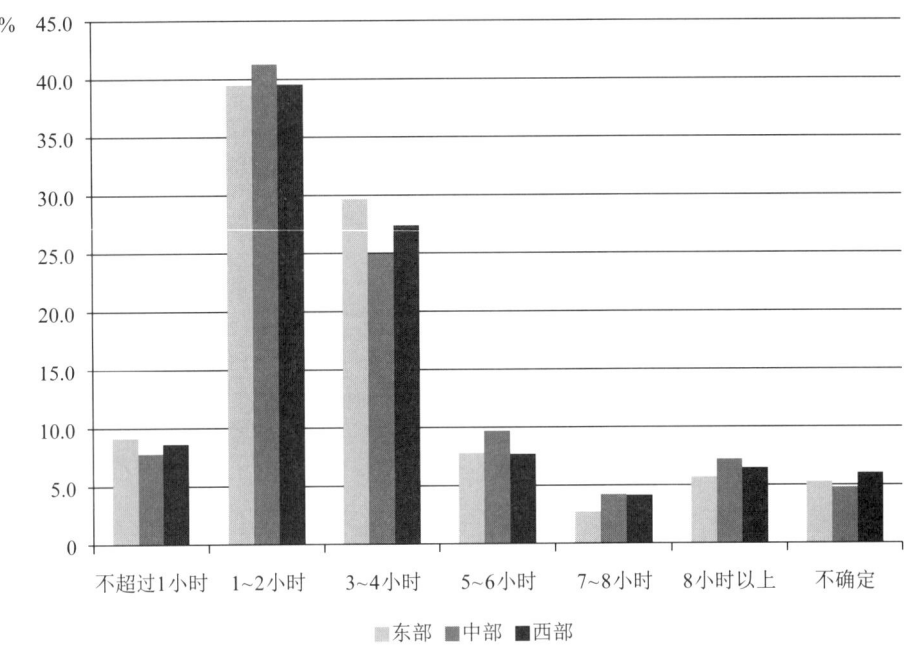

图1-16 2017年不同区域城镇居民周末休闲时间比例

节假日是我国城镇居民休闲时间最多的时间段。东、中、西部城镇居民的节假日休闲时间分布趋势大体一致,但西部地区城镇居民的节假日休闲时间多于东部和中部地区。我国城镇居民的平均节假日休闲时间在6小时左右,2012—2017年间,东、中、西部地区的城镇居民节假日休闲时间在6小时以上的人数处于上升趋势,2012年和2013年的趋势持平,但2015年和2017年波动较为明显(图1-17)。

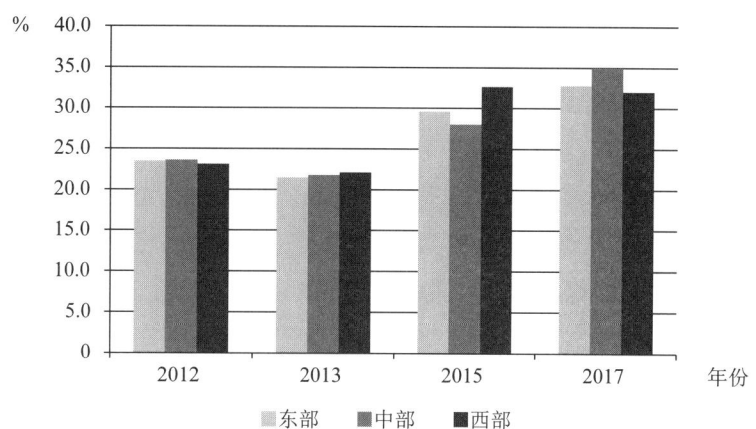

图 1-17　2012—2017 年不同区域城镇居民节假日休闲时间比例（6 小时以上）

2. 东部地区每天休闲时间 2 小时以下农村居民占比高于中西部地区，而 2 小时以上占比低于中西部地区

农村居民在农忙时节劳动强度大，工作时间长，没有太多的时间和精力开展休闲活动，由于劳动特点，休闲时间也不稳定。2012—2017 年间，东、中、西部地区的农村居民农忙时节休闲时间差异比城镇居民明显，中西部地区农村居民的休闲时间多于或与东部地区持平。农忙时节，农村居民的休闲时间在 2 小时以上属于正常或富足，图 1-18 显示了东、中、西部地区拥有正常或富足休闲时间的农村居民人数占比变化趋势，西部地区普遍高于或与东部地区持平，中部地区波动明显。

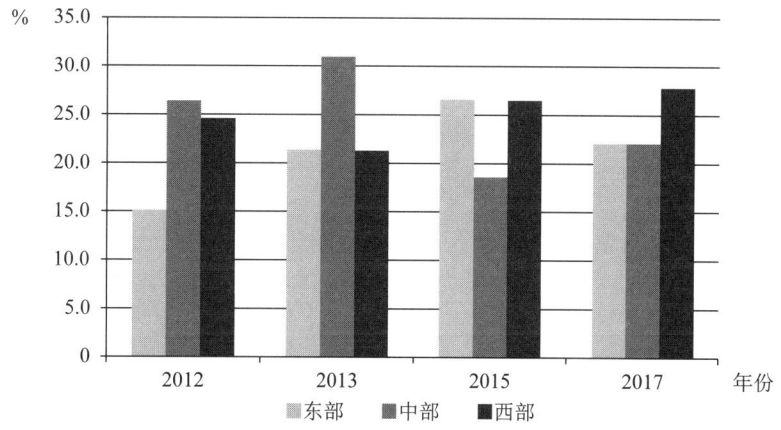

图 1-18　2012—2017 年农忙时节不同区域农村居民休闲时间比例（2 小时以上）

农闲时节，2012—2017年间东、中、西部地区农村居民休闲时间比例趋势走向基本一致（以2017年为例，图1-19），局部存在差异，中西部地区农村居民的休闲时间比东部地区富足，中部地区农村居民农闲时间波动较大。休闲时间在7小时以上的农村居民比例数据也反映出这一点（图1-20），农村居民在农闲时节的休闲时间呈现在波动中上升的趋势，需要丰富农村居民日常休闲活动方式，满足农村居民日益增长的休闲需求。

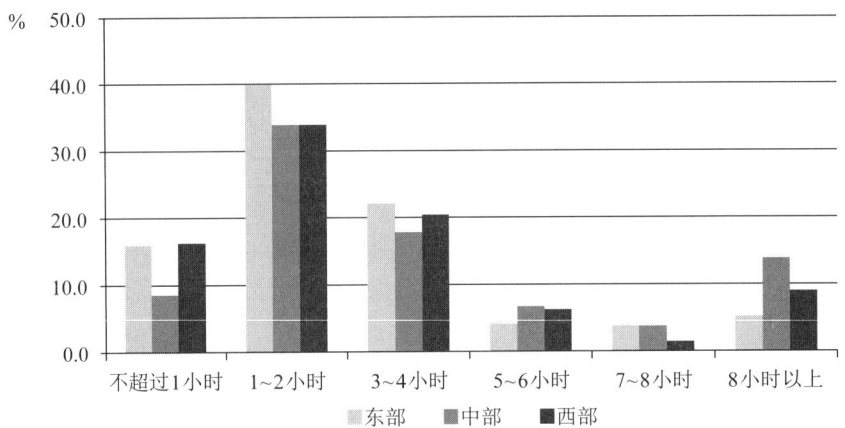

图1-19　2017年农闲时节不同区域农村居民休闲时间比例

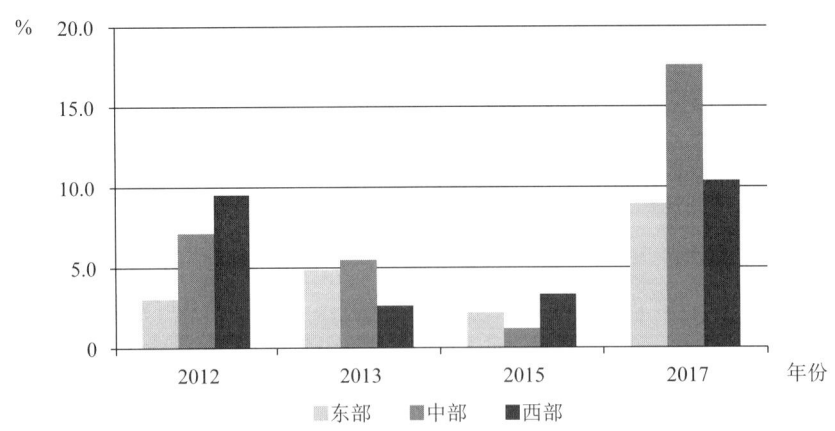

图1-20　2012—2017年农闲时节不同区域农村居民休闲时间比例（7小时以上）

3.退休居民休闲时间普遍增加，西部地区增幅最大

从2013—2017年东、中、西部地区退休居民休闲时间数据可以得知，东

部地区退休居民休闲时间在 1~2 小时和 3~4 小时的人数比例呈减少趋势，其他时间段呈增加趋势，总体来说东部地区退休居民的休闲时间处于增加趋势。中部地区退休居民的休闲时间波动较大，总体也处于上升趋势，而西部地区退休居民的休闲时间增加趋势最为明显。所有地区休闲时间段在 2 小时以下的居民比例都有所下降，其余时间段的居民比例处于增加趋势，其中西部地区休闲时间 5~6 小时的增幅最大，从 2013 年的 2.9% 增加到 2017 年的 6.3%（图 1-21）。

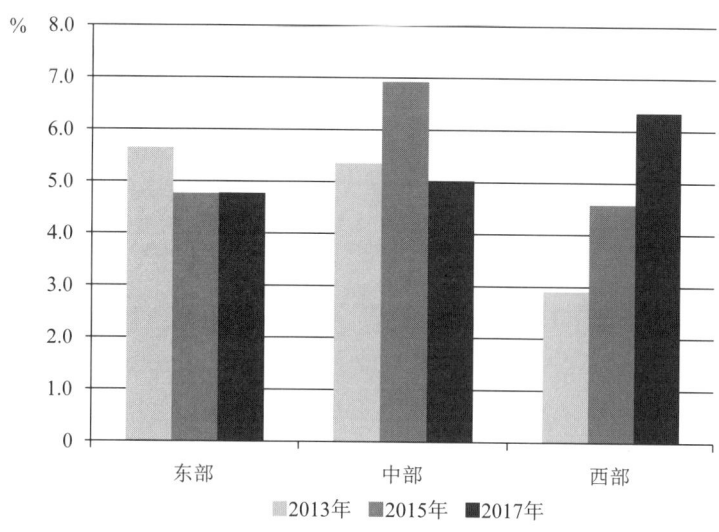

图 1-21　2013—2017 年不同区域退休居民休闲时间比例（5~6 小时）

二、中国居民休闲内容特征研究

鉴于我国城镇居民和农村居民以及退休居民在休闲行为方式与休闲内容方面存在明显差异，我们将对城镇居民和农村居民以及退休居民分别进行考察和分析①。

（一）城镇居民休闲意识逐渐增强，休闲活动积极化趋势明显

1. 文化娱乐是城镇居民工作日的主要休闲方式，旅游、餐饮购物等越来越受青睐

从纵向对比来看（图 1-22），在 2012—2017 年期间，选择不同休闲方式

---

① 由于问卷设计是多选题，每名受访居民可以提供多个选项，所以各部分比例是按照统计的人次进行计算的。下同。

的人次呈现"两增一减"的态势。"两增"即一是城镇居民在工作日休闲时间选择旅游的人次分别占到城镇居民总人次的1.1%、4.6%、6.2%、8.3%，呈现逐年上升的趋势；二是城镇居民在工作日休闲时间选择餐饮购物的比例逐年增加，分别为11.3%、10.9%、11.5%、13.5%。"一减"即选择体育健身的城镇居民人数下降，从2012年的24.5%减少到2017年的21.3%，基本上呈现逐年递减的趋势。此外，工作日期间选择文化娱乐方式的城镇居民占比最多，几乎半数城镇居民都选择了文化娱乐。而选择其他休闲方式的城镇居民比例存在稍微波动，但总体平稳。

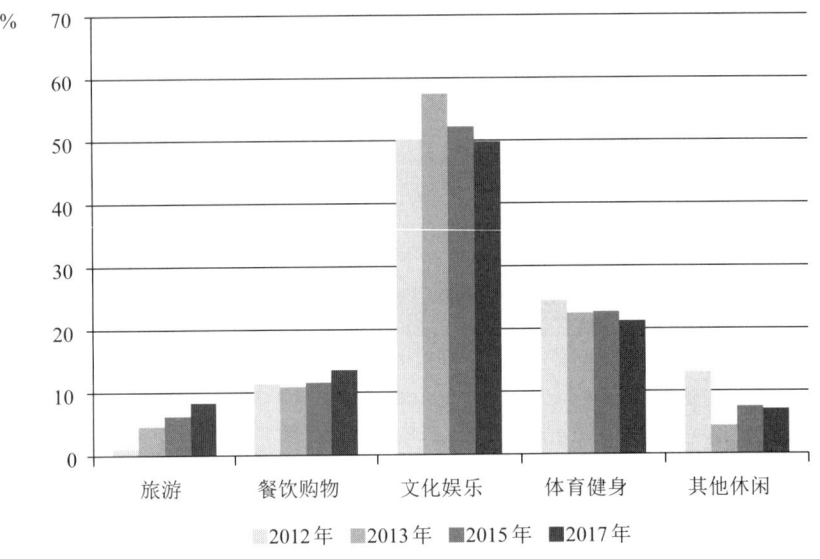

图1-22　2012—2017年城镇居民工作日选择休闲活动比例

从横向对比来看，由于工作日的休闲时间较短，2017年城镇居民平均休闲时间仅为2.73小时，只能开展耗时较短的休闲活动，所以在工作日选择旅游的城镇居民占比为8%。选择文化娱乐的城镇居民占比最大，为50%。选择餐饮购物的城镇居民占比为14%。出于工作压力大、生活节奏快等原因，工作人群对运动健身等休闲活动的需求还是较大的，选择体育健身的城镇居民占比为21%。选择聊天、养宠物等其他休闲方式的城镇居民占比为7%（图1-23）。总体来说，城镇居民的休闲意识在逐年增强，2017年城镇居民在工作日期间选择的休闲方式以文化娱乐型为主，旅游方式越来越受到欢迎。

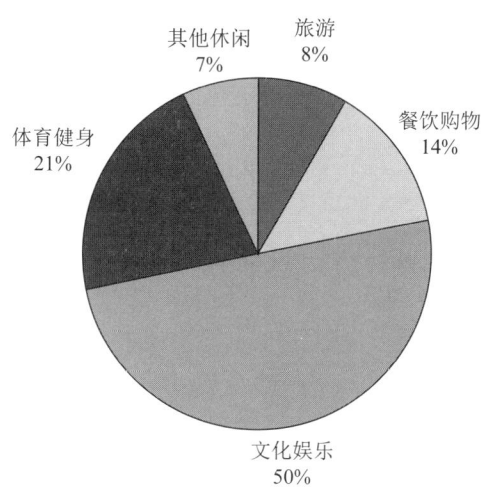

图 1-23 2017 年城镇居民工作日选择休闲活动比例

2. 城镇居民周末休闲以文化娱乐为主，选择旅游的人数占比不断增加

2012—2017 年城镇居民周末休闲时间分配的纵向数据呈现出"两减一增"的特点（图 1-24）。"一增"即周末休闲时间选择旅游的城镇居民比例呈上升趋势，2017 年的比例比 2012 年高出 17.6%，呈迅速上升态势，侧面反映出休闲旅游发展的强劲势头，以及"近郊游"和"周末游"等旅游产品的受欢迎程度。对于城镇居民来说，周末平均休闲时间相比工作日平均休闲时间，更适合开展郊野游憩等耗时较短的休闲活动。"两减"即周末休闲时间选择文化娱乐的城镇居民比例基本呈递减态势，从 2012 年的 42.2% 减少到 2017 年的 33.9%；选择体育健身的城镇居民持续减少，四年的占比分别是 20.7%、16.2%、15.1%、12.7%。由于旅游的热潮以及休闲方式的多元化，尤其是年轻人群转移休闲方式，导致选择文化娱乐和体育健身的城镇居民逐渐减少，受访者的年龄结构也说明了这一点。而选择餐饮购物的城镇居民比例呈现两头高、中间低的态势，2012 年和 2017 年的城镇居民比例较高，分别是 19.9% 和 21.7%，2013 年和 2015 年的城镇居民比例持平，分别是 17.7% 和 17.1%。与工作日选择休闲方式一致的是，城镇居民在周末选择文化娱乐的比例最高，占总人次的四成左右。

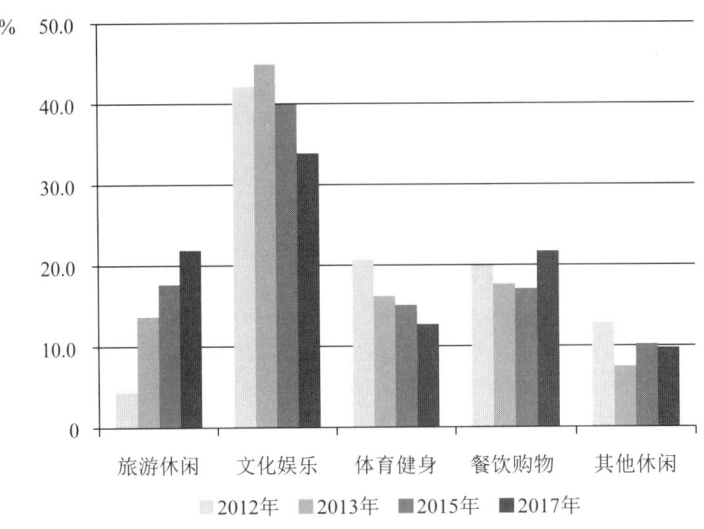

图 1-24　2012—2017 年城镇居民周末选择休闲活动比例

2017 年，城镇居民在周末休闲时间选择旅游的比例是工作日选择旅游的两倍，为 21.9%。2017 年周末平均休闲时间是工作日休闲时间的两倍，居民有更多的休闲时间选择喜爱的休闲方式。选择餐饮购物的城镇居民比重为 21%。选择文化娱乐的城镇居民比重为 34%。选择体育健身的城镇居民有比重为 13%。选择餐饮购物的城镇居民比例有所回升，选择旅游的城镇居民比例快速增加，而选择体育健身和文化娱乐的城镇居民比例继续下降（图 1-25）。

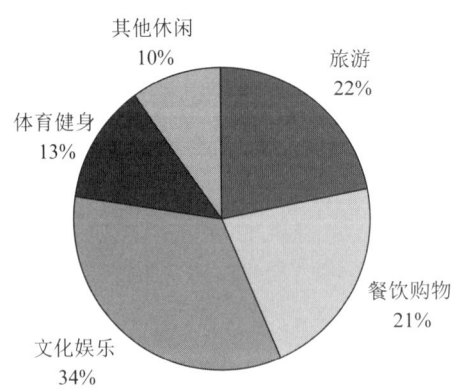

图 1-25　2017 年城镇居民选择休闲活动比例

3. 城镇居民节假日休闲时间充裕，选择远距离旅游的人次持续增加

图1-26显示了2012—2017年的城镇居民节假日休闲内容分布，有"两增两减"的特点。"两增"即选择旅游的城镇居民占比分别为20.2%、25.3%、33.8%、34.3%，总体呈持续上升的趋势；选择其他休闲的城镇居民从2012年的13.7%上升到2017年的28.8%，比例快速上升。"两减"即选择文化娱乐的城镇居民比例呈下降态势，从2012年的34.4%下降到2017年的19.6%；选择体育健身的城镇居民比例下降明显，减少了几乎一半。此外，选择餐饮购物的城镇居民人数呈波动状态。

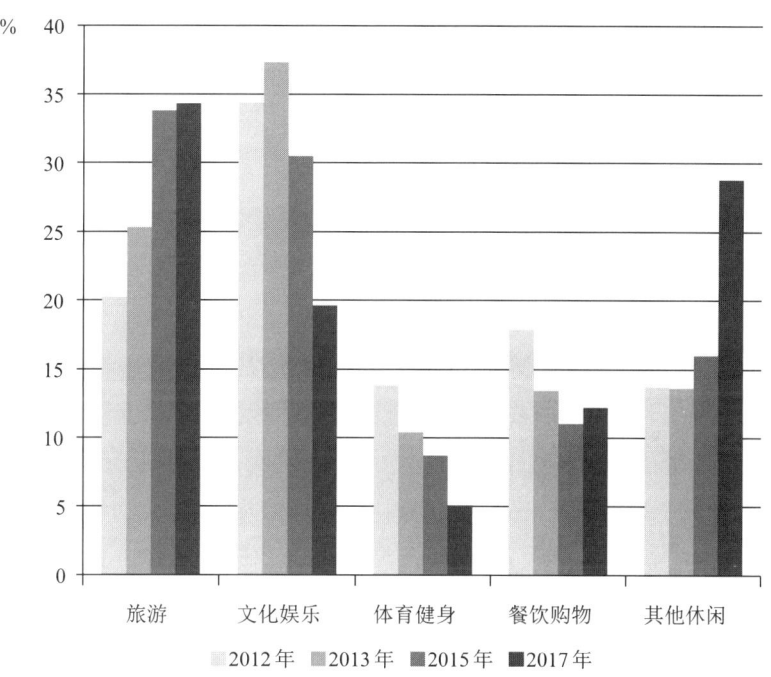

图1-26　2012—2017年城镇居民选择休闲活动比例

数据显示（图1-27），2017年节假日期间，我国城镇居民选择旅游休闲的比重为34.3%，分别是工作日和周末选择旅游人数占比的三倍和两倍。相比近三年，2017年城镇居民节假日休闲内容变化的一大特点是其他休闲人次上升迅速，选择其他休闲的约占受访城镇居民总人次的28.8%，比2012年多出15.1%。节假日的休闲时间充足，城镇居民拥有更多选择其他休闲方式的权利，所以选择其他休闲的比例较大，超过工作日和周末人次。

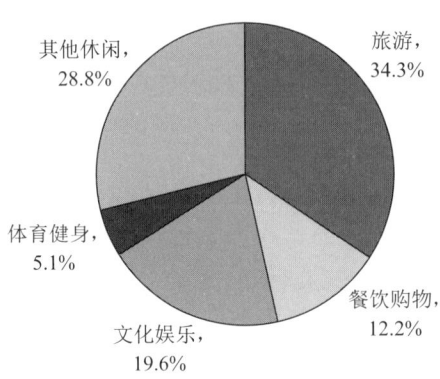

图 1-27　2017 年城镇居民休闲活动选择

（二）农村居民休闲方式以居家休闲为主，选择旅游和餐饮的比例呈上升趋势

1. 农忙时农村居民休闲方式以居家休闲为主，选择旅游、餐饮购物的比例有所上升

2012—2017 年的数据显示（图 1-28），农忙时节农村居民的休闲方式单一。由于农业生产活动的季节性很强，导致多数农村居民在农忙时节的休闲时间比较紧张，开展休闲活动的精力也不够。加上农村休闲设施相对缺乏，农村居民收入水平较低，其休闲观念有待提高，导致农村居民选择的休闲方式单一性突出。居家休闲是农村居民农忙时节的主要休闲方式，近乎七成的农村居民选择居家休闲。选择其他休闲方式的农村居民比例总体呈上升趋势，从 2012 年的 21.7% 增加到 2017 年的 26.6%，其中，选择旅游和餐饮购物的农村居民比例上升迅速，同比 2012 年，分别增加了 1.7% 和 2.8%，选择文化娱乐的农村居民总体呈波动上升趋势，而选择体育健身的农村居民比例呈波动下降趋势。

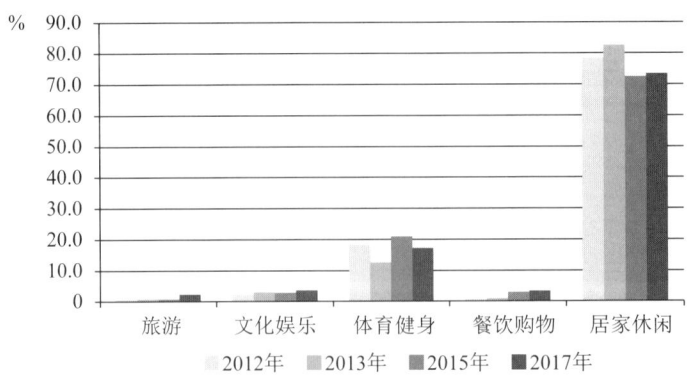

图 1-28　2012—2017 年农村居民休闲活动选择

从 2017 年的数据来看（图 1-29），选择居家休闲方式的农村居民比重为 73.4%，相比近三年，比例有所下降。选择其他休闲方式的农村居民比重为 26.6%，同比 2012 年，增加了 4.9%，其中选择旅游、文化娱乐、餐饮购物的农村居民比例都有所上升，而选择体育健身的农村居民比例呈下降趋势。

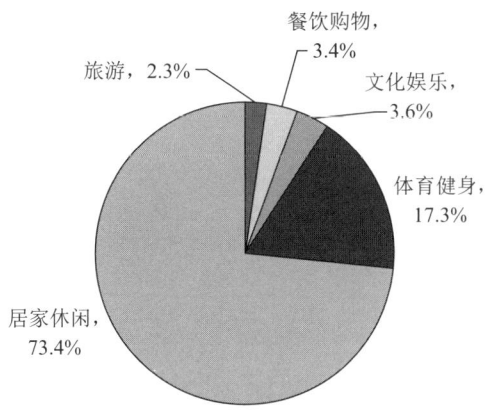

图 1-29　2017 年农村居民农忙时休闲活动选择

2. 农闲时农村居民选择旅游和餐饮休闲比重呈上升趋势，选择居家休闲的比例下降

图 1-30 显示，2012—2017 年农闲时的农村居民休闲方式依旧以居家休闲为主，比例分别是 73.5%、75.4%、71.4%、62.8%，但总体呈逐年下降趋势，说明农村的休闲方式越来越丰富，农村居民的休闲观念有所改变。其他休闲方式的比重整体呈上涨趋势，其中旅游的增幅最快。选择餐饮购物的农村居民比例与农忙时一致，呈波动上升趋势。而选择体育健身的农村居民比例呈现波动状态。

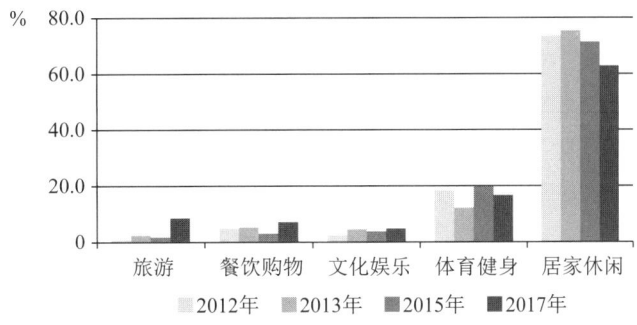

图 1-30　2012—2017 年农闲时农村居民休闲活动选择

图 1-31 显示，2017 年农村居民农忙时和农闲时的休闲方式整体都比较单一，皆以居家休闲为主，农村居民开展休闲活动的潜力尚未得到充分发挥。从 2012—2017 年的数据可以看出，农村居民选择其他休闲方式的比例稳步上升，尤其是旅游的农村居民比例有大幅提升。但选择体育健身的农村居民比例逐年下降，侧面反映出农村的休闲设施有待完善。

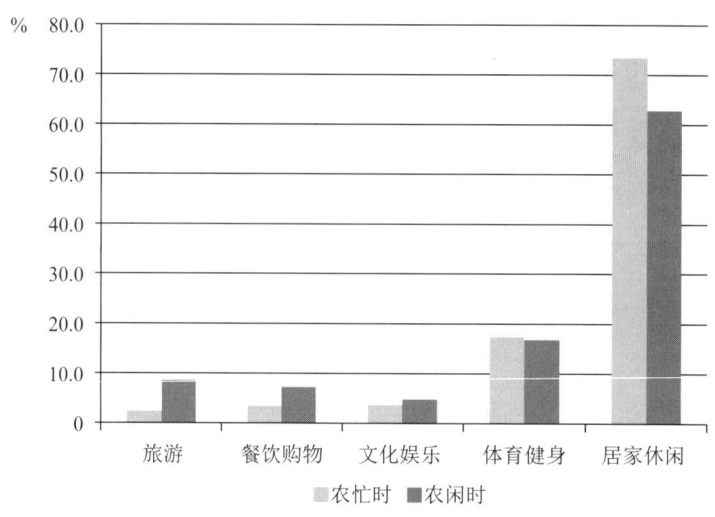

图 1-31　2017 年农村居民不同时间段休闲活动选择

（三）文化娱乐和体育健身是退休居民的主要休闲活动，选择文化娱乐的比例增加，而选择体育健身的比例有所下降

数据显示（图 1-32），文化娱乐和体育健身是退休居民的主要休闲方式。2017 年，我国退休居民选择文化娱乐的占比最多，约占退休居民总人次的一半。选择体育健身的退休居民约占退休居民总人次的 29.7%。从变动趋势来看，选择文化娱乐的居民占比略有增加，由 2013 年的 48.2% 提升到 2018 年 48.8%；而选择体育健身的退休居民占比呈逐年下降态势，由 2013 年的 34.4% 下降至 2017 年的 29.7%；但总体上，选择文化娱乐和体育健身的居民占比之和基本维持在 80% 左右。选择餐饮购物的退休居民占比相对稳定，选择其他休闲方式的居民占比上升明显，从 2013 年的 4.3% 上升到 2017 年的 8.9%。

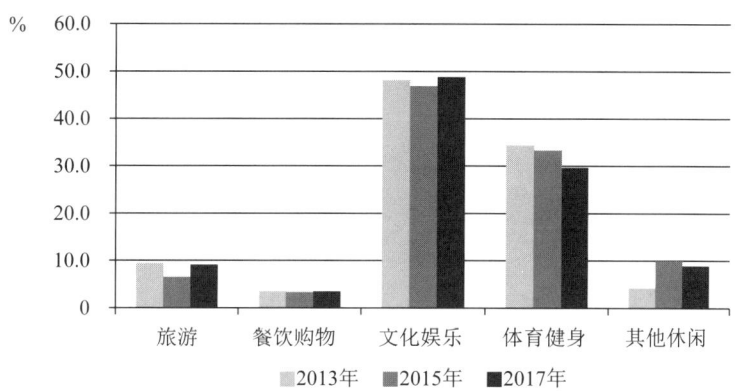

图1-32 2013—2017年退休居民的休闲活动选择

由以上分析可知，对于多数退休居民来说，他们属于有钱有闲的特殊人群，拥有更为充足的时间安排自己的生活，而且有更为强烈的运动健身意识。调查数据的年龄结构显示，随着年龄的增加，选择体育健身和其他休闲方式的人数也随之增加。

（四）国民休闲活动区域差异特征

1. 东部地区选择旅游和餐饮购物的城镇居民占比明显高于同期中西部地区，西部地区在周末和节假日选择旅游的比例增幅最大

2012—2017年数据显示，工作日期间，东、中、西部地区城镇居民选择休闲方式的比例趋势基本相同，以2017年数据为例（图1-33），处于前三位的分别是文化娱乐、体育健身和餐饮购物。其中选择文化娱乐的城镇居民比例都呈下降趋势，下降最明显的是东部地区，2017年比2012年减少了11%，但文化娱乐仍是城镇居民工作日期间的主要休闲方式，2017年所有地区选择文化娱乐的居民仍占到四到五成；选择旅游休闲和餐饮购物的城镇居民比例都呈上升趋势，而选择旅游的城镇居民比例上升的趋势更为明显，增幅最多的均是东部地区，分别从2012年的0.8%和9.2%上升到2017年的8.6%和14.6%。所有地区选择体育健身的城镇居民均超过两成，趋势呈波动状态，其中中部地区波动最大，东部地区和西部地区趋势相接近。

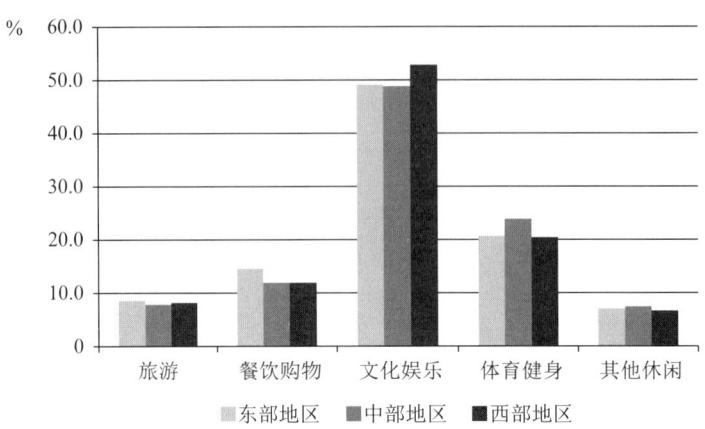

图 1-33　2017 年不同区域城镇居民工作日休闲方式比例

在周末休闲时间，文化娱乐依旧是所有地区城镇居民的主要休闲方式，其次是餐饮购物和体育健身，东、中、西部地区城镇居民在周末选择的休闲方式比例趋势大体一致，局部存在差异。其中旅游是所有地区上升最快的休闲方式（图 1-34），西部地区增幅最为明显，从 2012 年的 6% 上升到 2017 年的 25.5%，其次是东部地区，中部地区则呈波动上升趋势。所有地区选择餐饮购物的城镇居民比例呈波动上升趋势，西部地区上升趋势最明显，2017 年比 2012 年增加了 5.5%，东部地区上升幅度最小。所有地区选择文化娱乐的城镇居民比例在波动中呈下降趋势，其中西部地区下降最为明显，从 2012 年的 45% 下降到 2017 年的 30.9%。

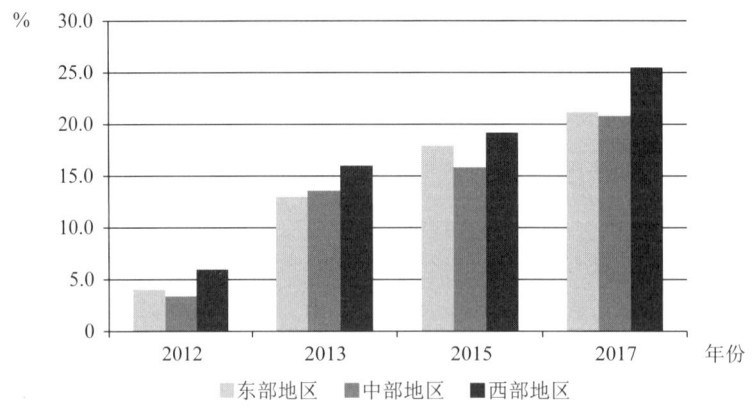

图 1-34　2012—2017 年不同区域城镇居民周末选择旅游比例

节假日是城镇居民休闲时间最多的时间段,多数城镇居民在节假日会选择外出旅游,旅游成为这一时段主要增长方向(图1-35),增幅最大的是西部地区,从2012年的24%增加到2017年的42.6%,其次是中部地区。所有地区的城镇居民选择体育健身的比例有明显下降,西部地区下降幅度最大,从2012年的16.9%下降到2017年的5.2%,其次是中部地区,2012年到2017年减少了11.2%。西部选择文化娱乐方式的城镇居民比例在波动中呈下降趋势,而东部地区和中部地区在波动中呈上升趋势。

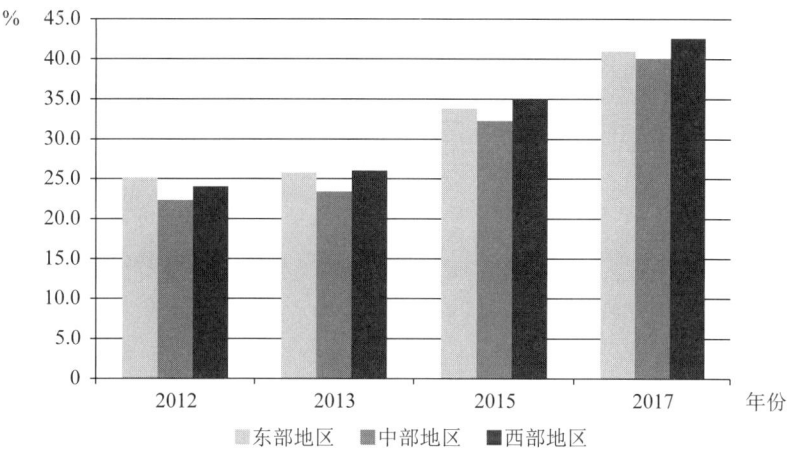

图1-35　2012—2017年不同区域城镇居民节假日选择旅游比例

2. 农忙时西部地区选择餐饮购物的比例增幅最大,农闲时东部地区选择旅游的比例上升最明显

农忙时节是农村居民劳动的主要时间段,休闲时间短,休闲方式受到较大时间限制。居家休闲是所有地区农村居民的主要休闲方式(图1-36),但各地区农村居民比例存在差异,其中东部地区和西部地区农村居民选择居家休闲的比例呈下降趋势,分别由2012年的74.1%和71.6%下降到73.4%和69.8%,而中部地区在波动中呈上升趋势,2017年比2012年增加了2.2%。所有地区农村居民选择餐饮购物的比例呈明显上升趋势,西部地区增幅最明显,2017年比2012年增加了4.7%。东、中、西部地区选择体育健身的农村居民比例都有不同程度的下降,2017年比2012年分别减少了5.3%、3.5%、7.5%。

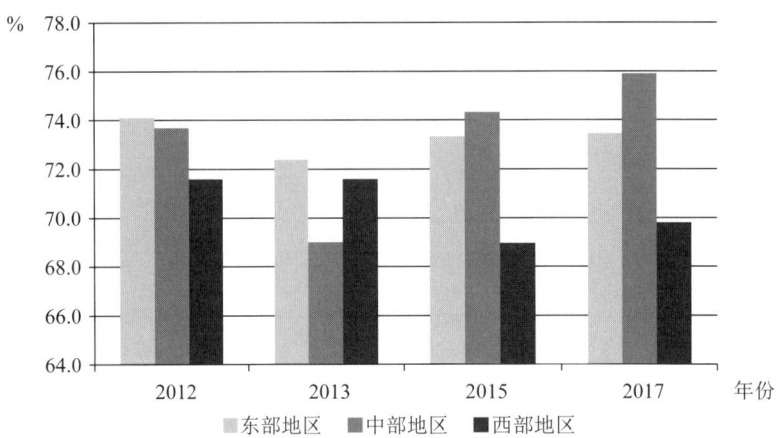

图1-36 2012—2017年不同区域农村居民农忙时选择居家休闲比例

农闲时节,农村居民有了更充足的时间进行休闲,旅游是增长最快的休闲方式。东部地区上升趋势最明显,从2012年的0.5%增加到2017年的9%,其次是西部地区,比例增加了近8%(图1-37)。东部地区和中部地区选择居家休闲方式的农村居民比例呈下降趋势,2017年比2012年分别减少了18.9%和4.4%,而西部地区呈相反趋势,增加了4.6%。此外,东部地区和中部地区选择体育健身的农村居民比例在波动中呈上升趋势,而西部地区呈明显下降趋势,从2012年的25%下降到2017年的10.8%。

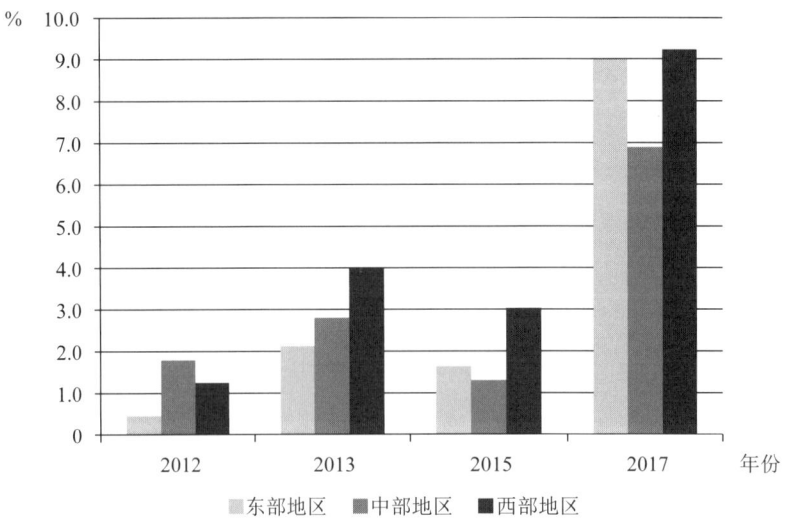

图1-37 2012—2017年不同区域农村居民农闲时选择旅游比例

3. 各地选择旅游的退休居民占比逐年上升，中部地区增幅最大

文化娱乐是所有地区退休居民主要的休闲方式，其次是体育健身。西部地区选择文化娱乐的退休居民比例呈先升后降的趋势，而东部地区和中部地区呈上升趋势。所有地区选择体育健身的退休居民比例均呈下降趋势，西部地区下降幅度最明显，由2012年的41%下降到2017年的33.1%，而东部和中部地区下降趋势相对较为平缓。所有地区选择旅游的退休居民比例均呈上升趋势（见图1-38），中部地区增幅最大，2017年比2012年增加了4.6%，其次是东部地区，5年增加了2.7%，而西部地区增幅最小。

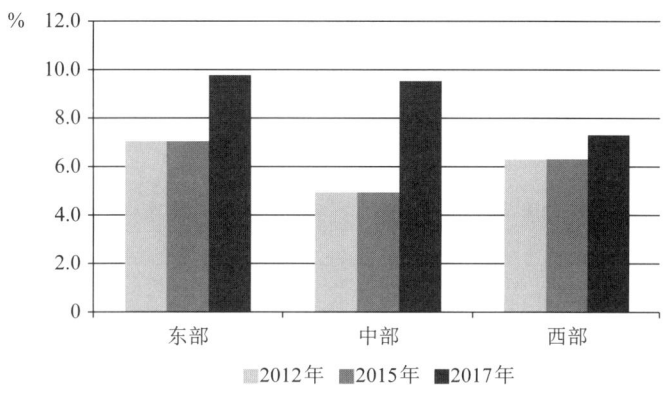

图1-38　2012—2017年不同区域退休居民选择旅游比例

三、中国居民休闲空间特征研究

居民休闲空间是指居民在特定的时间段进行休闲的空间范围。本报告对城镇居民、农村居民、退休居民休闲半径总体特征及其区域差异进行研究，不仅有利于了解居民的休闲空间需求，更重要的是为政府布局休闲产业和企业打造休闲主体提供重要参考。

（一）城镇居民工作日和周末休闲总体以近距离为主，节假日倾向于选择休闲半径较大的消费型休闲方式

城镇居民作为消费型休闲发展的主体，其休闲空间研究对休闲产业的发展具有很强的指导意义。居民休闲活动空间除了受经济水平、活动内容的影响外，更主要的是受到时间维度的限制。总体来说，工作日作为居民闲暇时间最短的

时期,其休闲活动空间也会受到相应的影响。而城镇居民周末的闲暇时间相对较长,一周的工作,会使得居民休闲欲望增强,其休闲活动空间也会得到相应的提升。在节假日这样集中的闲暇时间条件下,人们则更愿意去外省和较远距离的地方进行旅游、度假等休闲活动。本研究将分别对工作日、周末以及节假日3个不同时间段的城镇居民休闲活动空间范围进行分析。

1. 城镇居民工作日休闲半径总体较小,但呈现向远距离扩展的趋势

调查结果显示,2017年城镇居民工作日的休闲半径以自己家和1公里范围内为主;休闲半径在2~5公里的中短途次之;而城镇居民休闲半径在6~10公里范围是休闲人数相对最少;所占比例分别为62.3%、23.4%以及4.5%,工作日休闲半径总体呈"U"形分布。工作内容占据了人们绝大部分时间和精力,休闲活动多为看电视、上网、散步、瑜伽等文化娱乐和体育健身等近距离范围的活动,有助于人们缓解疲劳和紧张的情绪(图1-39)。

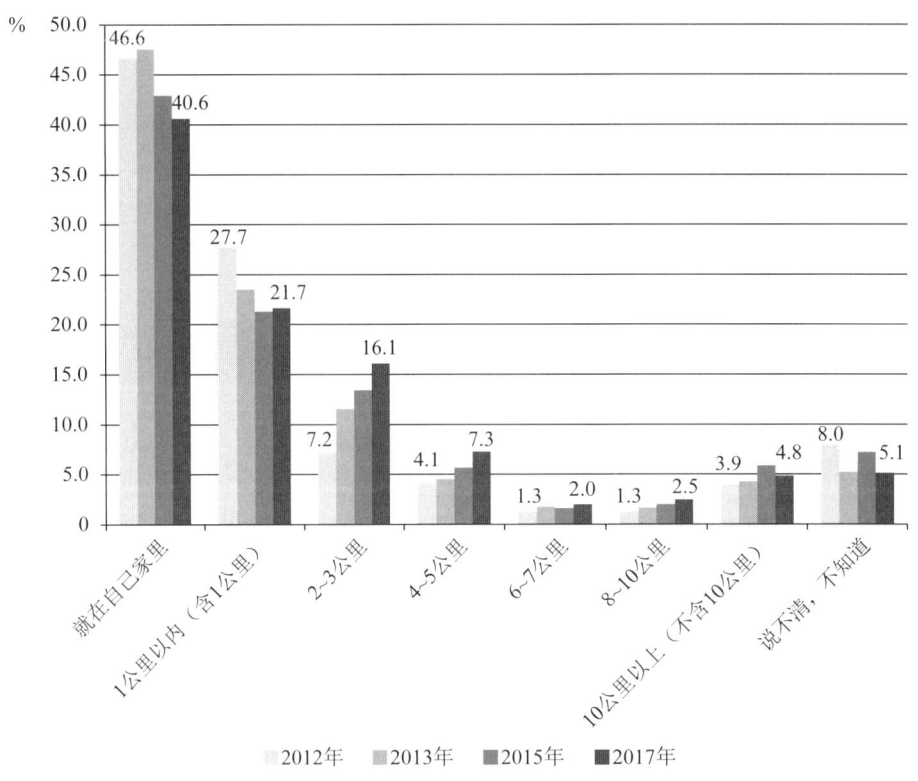

图1-39 2012—2017年城镇居民工作日休闲空间结构

按不同休闲半径聚焦来看，以自己家和1公里范围的人次比重由2012年的75%下降为2017年的62.3%，呈逐年递减趋势；休闲半径在2~10公里范围休闲人次比重呈逐年递增趋势，尤其是2~3公里的休闲比重从2012的7%逐年增长到2017年的16%，趋势十分明显；10公里以上范围的远距离休闲人次比重基本持平。这说明城镇居民工作日休闲空间呈现由从近距离向远距离扩展的趋势，城镇居民更愿意离开家去较远地方进行休闲活动，这与我国城市城际交通的快速发展、居民收入水平的提高以及休闲意识的增强有很大关系。工作日的工作时间愈加灵活，出行条件愈加便利，人们外出旅游休闲的占比持续上涨，与城市居民休闲半径逐年扩大相对应（图1-40）。

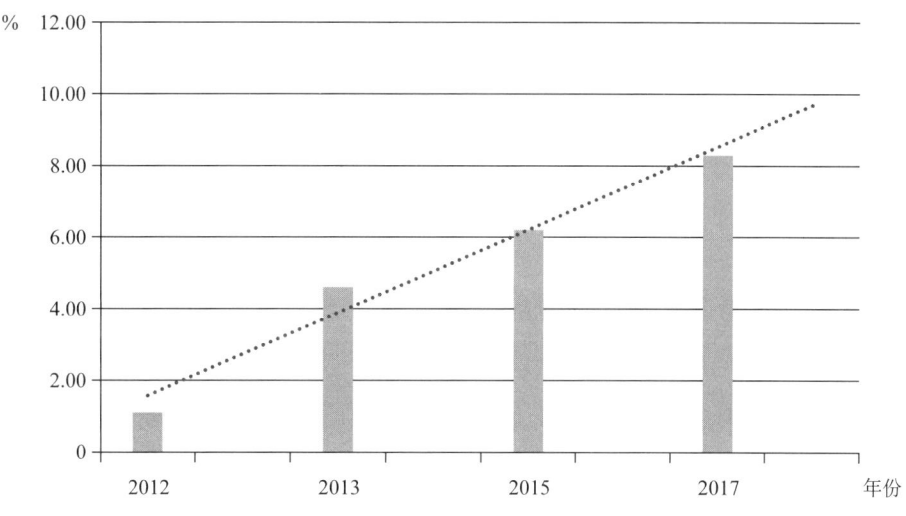

图1-40 2012—2017年城镇居民旅游占比比较

2. 60%的城镇居民周末休闲集中在3公里以内，远距离休闲占比不断提高

周末，城市居民休闲时间明显增多，可以按个人喜好选择两天的休闲方式。2012—2017年调查显示，大部分城镇居民依旧选择在离家相对较近的地方进行休闲，但总量上分散程度有所提高，活动半径和人次比之间差距越来越小。2012—2017年城镇居民休闲空间结构的具体情况如下：居家休闲由34.3%降为22.1%；休闲半径在2~3公里的居民人次比从8.1%上升为22.0%，休闲半径在3公里以内的各区间内人次比皆在20%左右，分布均匀；休闲半径在4~10公里的人数皆较前几年显著提升，总占比为从10.4%增加为17.7%（图1-41）。另外，居民在周末开展10公里以上的休闲活动的人次比重达到12.1%，远高于

工作日 4.8% 的水平，可见突破时间和精力的掣肘后，城镇居民更愿意开展远距离休闲活动，逃离城市生活圈，彻底放松，缓解紧张快捷的生活节奏。

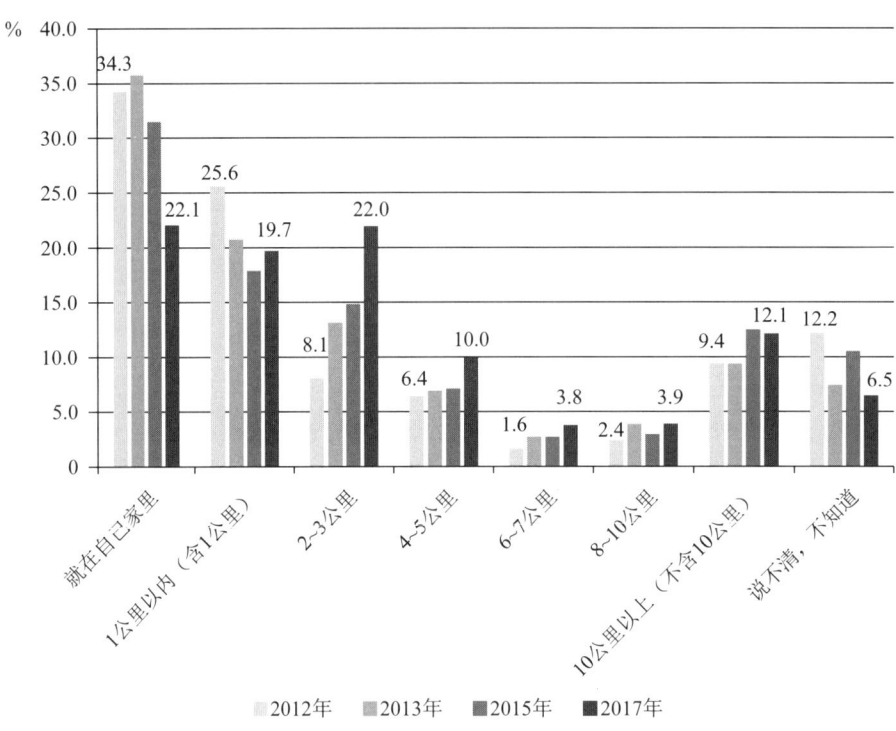

图 1-41　2012—2017 年城镇居民周末休闲空间总体结构

3. 城镇居民节假日休闲半径较大，消费性休闲为主要休闲方式

节假日，城镇居民休闲半径明显扩大。一方面，居家和近距离休闲人次比仅为 42.6%，明显低于工作日的 78.4%；另一方面，休闲半径在 10 公里以上的比重上升显著，达到 34.7%，远高于工作日 4.8% 水平。10 公里以上休闲空间成为区别其他时间段城镇居民休闲空间的最主要代表。与工作日和周末空间结构差异较大，是因为在节假日，人们有集中度高、时间跨度较大的假期，旅游度假成为人们庆祝假期和追求美好生活的一种方式，因此休闲活动范围增大。即使不参与旅游度假等远程休闲活动的人群，也会选择相对较远的公园、商场、影院等进行消费性休闲（图 1-42）。

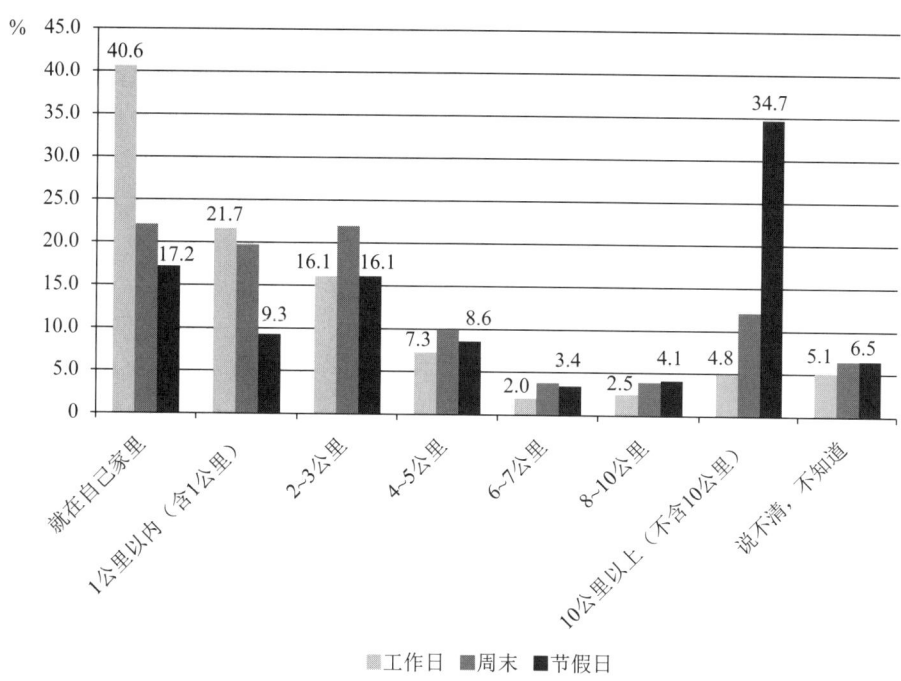

图1-42 2017年各时段城镇居民休闲空间比较

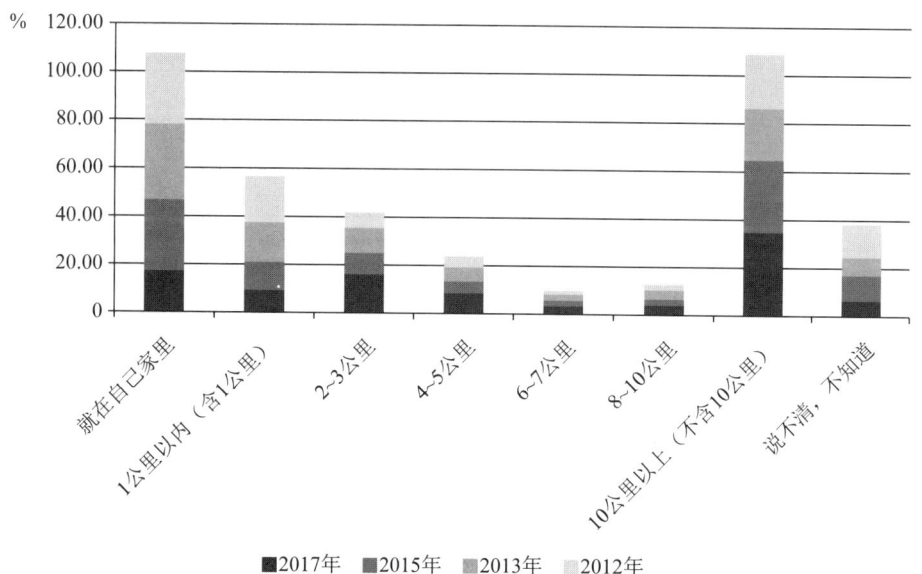

图1-43 2012—2017年城镇居民节假日休闲空间比较

研究2012—2017年纵向数据发现,在节假日期间,城镇居民普遍选择前往10公里以外进行休闲娱乐活动,而且比例逐年上升,尤其是2017年明显超过居家休闲占比,达到34.7%。随着城市居民休闲意识的提高以及带薪休假制度的普及,这一趋势会更加明显(图1-43)。

(二)农村居民休闲集中在家庭及周边地区,休闲半径呈年度扩大趋势

1. 农忙时85%的农民集中在1公里以内进行休闲活动

由调查结果得出的农村居民农忙时的休闲空间结构来看,时间是制约农村居民农忙休闲半径扩大的主要原因。农忙时,农村居民的休闲活动范围在家里占比最高为63.5%;1公里以内占比次之,为21.0%;其他休闲半径的比重总和仅达15.5%。分析结果表明在农忙时农村居民的休闲半径总体较小,集中度高,即85%的农村居民集中在1公里以内进行休闲活动。纵向来看,农村居民农忙时居家休闲和1公里以内的比重分别由2012年的90.7%下降到84.5%,呈缓慢下降趋势;2公里以上休闲比重由5%增长到12.9%,呈上升趋势。总体上农村居民农忙时休闲空间结构变化情况缓慢,但逐年扩大的趋势不断显现(见图1-44)。

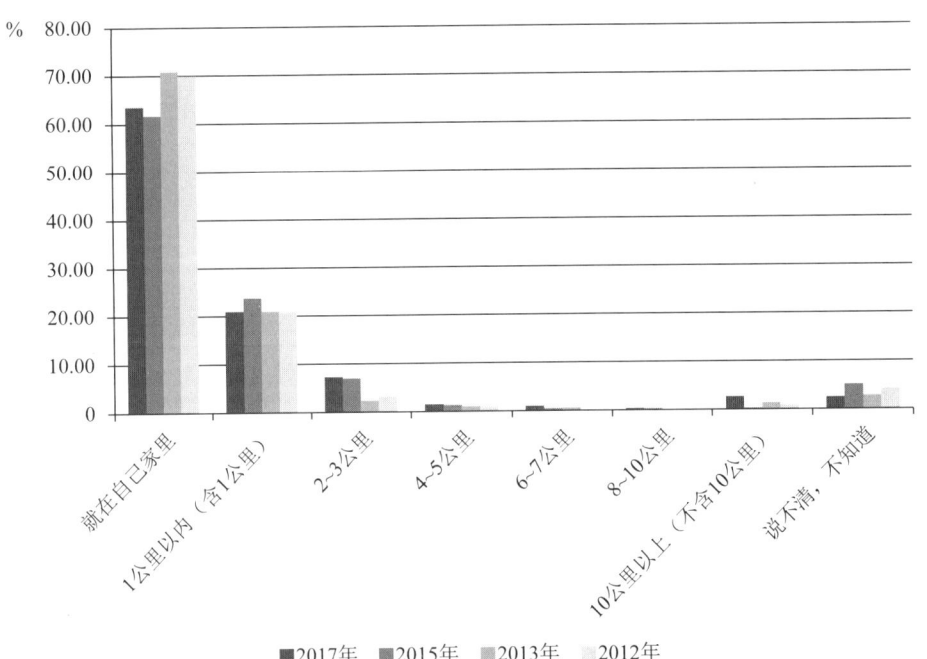

图1-44 2012—2017年农村居民农忙时休闲空间结构

农村居民在农忙时休闲半径扩大趋势，15~29岁这个年龄段的年轻人表现最为明显。1公里以外范围内活动的年轻人比重从2012年的9.1%上升到2017年的34.0%。城乡一体化的发展让许多居住在农村的年轻人思想更加先进，休闲意识更加强烈；而且年轻人的家庭束缚较小，因而休闲活动的范围增加的速度和趋势明显。随着年轻人的增长，农村居民在农忙时休闲空间结构变化会更加明显，休闲半径增长趋势会愈加凸显（图1-45）。

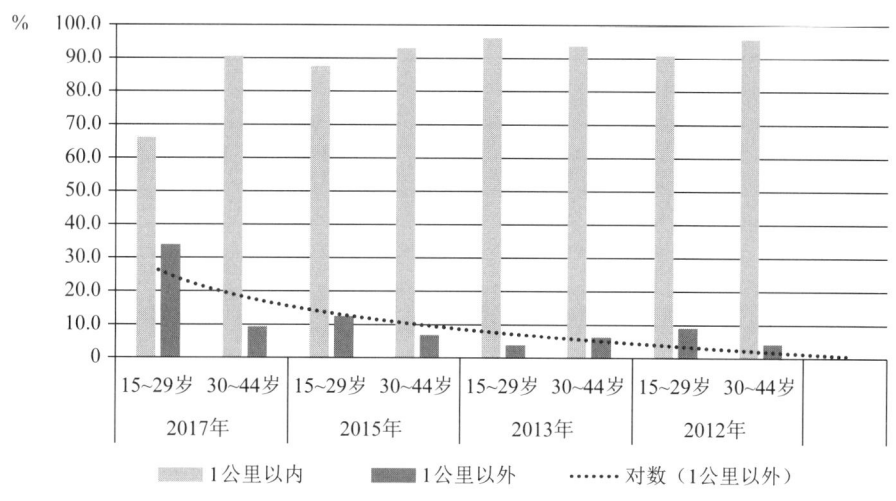

图1-45 青壮年农忙时休闲空间结构比较

2. 农闲时农村居民休闲半径较农忙时有所增大，且逐年扩大趋势明显

农闲时，农村居民的可自由支配时间较农忙时宽裕，2017年居民的休闲空间集中在家庭及家庭周边1公里以内的范围，两者比重之和达到74.2%；其他休闲半径占比仅为25.8%，远距离的休闲活动相对较少。其他休闲活动的范围基本与农忙时吻合，农闲农忙两时段休闲半径呈波动变化：一是家庭休闲活动从63.5%降低为52.1%；二是休闲半径在10公里以上的占比从农忙时的2.7%升高为7.9%。原因在于：第一，农村居民毕竟没有城镇居民的交通方便、时间充足和经济能力支撑，所以即使农闲时休闲半径也没有比农忙时有显著增加。第二，符合正态分布规律，农村居民中仍然存在部分人在农闲时具备远距离休闲的条件，随着农村经济的发展和休闲意识的提高，远距离休闲的比重会有所增长（图1-46）。

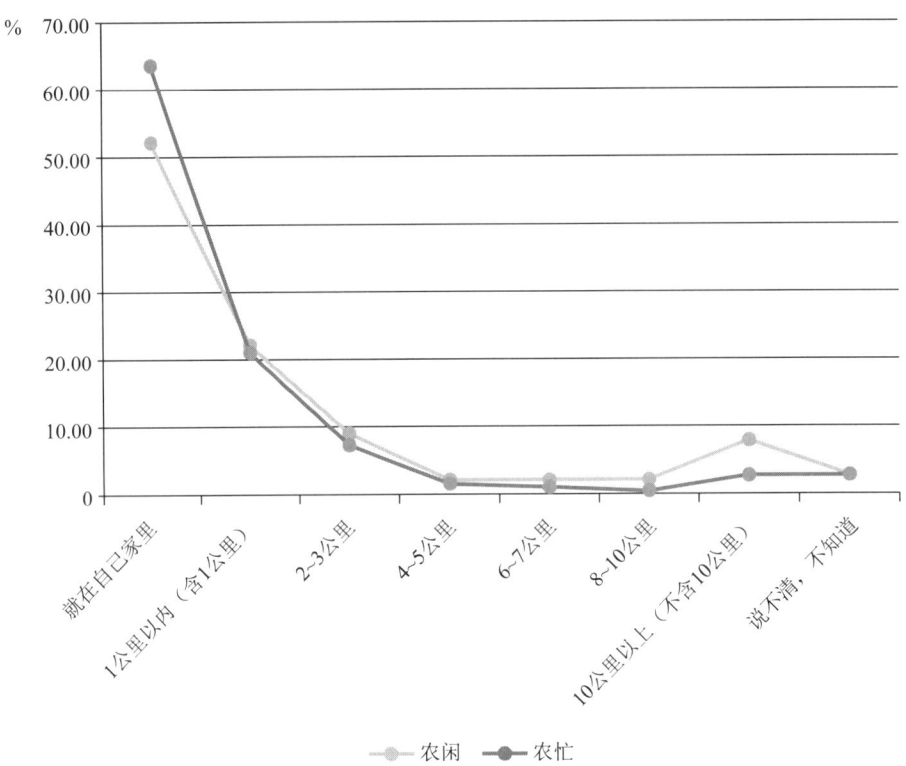

图 1-46　2017年农村居民不同时段休闲空间结构比较

（三）退休居民休闲半径总体以近距离为主，但10公里以上远距离休闲占比逐年增加

卫生条件、医疗水平以及辛勤工作的积蓄，使得很多退休居民成为当前一个非常大的休闲群体。退休居民的闲暇时间多，可以自由选择休闲时间和休闲方式。调查结果显示，退休居民休闲空间大体集中在3公里以内的家庭及周边等近距离区域。具体情况如下：居家休闲的退休居民占47.3%；休闲半径在2公里以内退休居民占比26.7%；其他在2公里以外的人数占比总和仅为26%。纵向来看，从2013—2017年，居家休闲和休闲半径在10公里以外的占比逐年增加，而半径在2~10公里的各个区间均呈现减少趋势，尤以男性退休者表现明显，原因在于女性受家庭羁绊较多，其多在家庭范围内休闲，因此变化不大（图1-47、图1-48）。

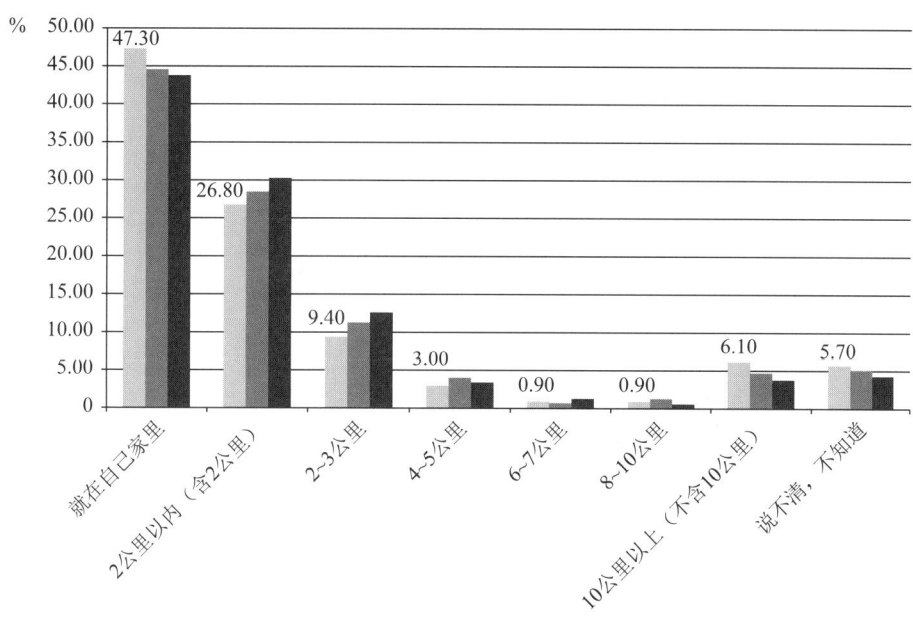

图1-47　2013—2017年退休居民休闲空间结构

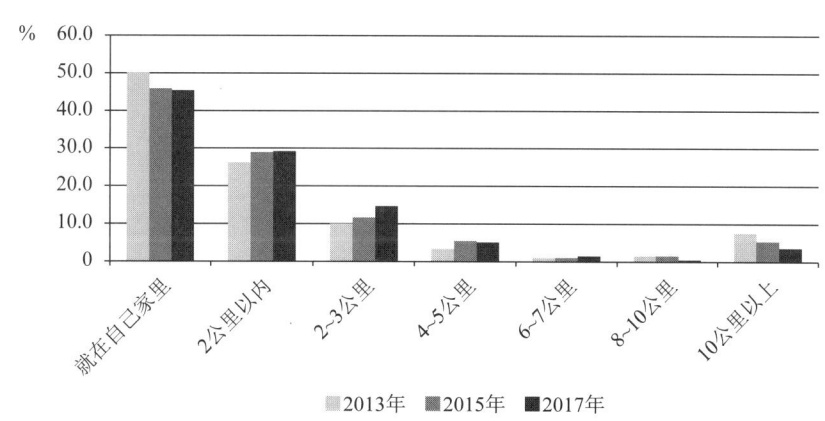

图1-48　2013—2017年男性退休居民休闲空间结构

（四）国民休闲空间区域差异特征

1. 城镇居民休闲空间区域差异

（1）城镇居民工作日休闲空间呈扩大趋势，中部地区最为显著

从调查结果来看，在工作日各地区城镇居民的休闲半径主要集中在自己家

和 2 公里以内，两者占比达 80% 左右，6~10 公里范围的休闲人数各地区都是最少。从年度变化来看，中部地区休闲半径不断扩大的趋势最为明显；而东部地区的扩大趋势最不显著（见图 1-49、图 1-50、图 1-51）。

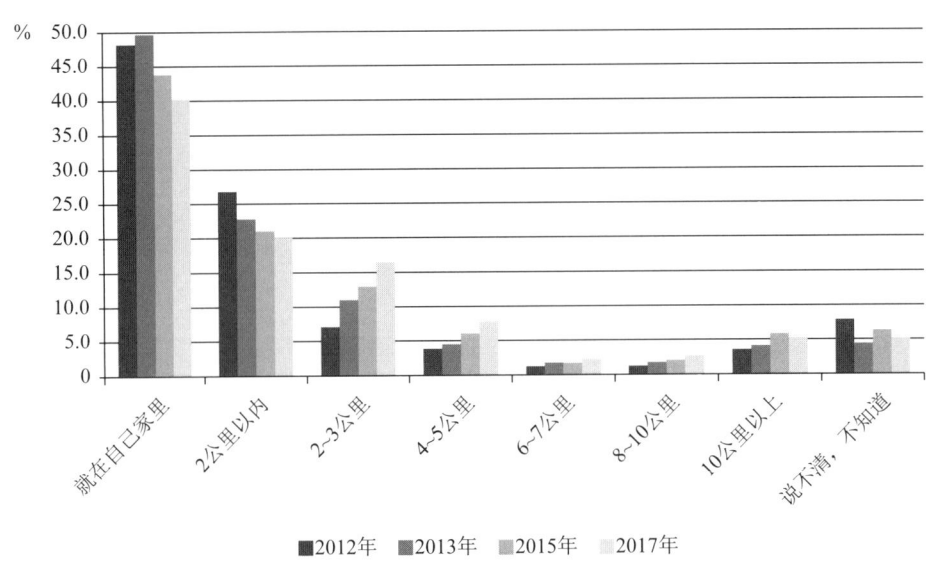

图 1-49　2012—2017 年东部地区城镇居民工作日休闲空间图

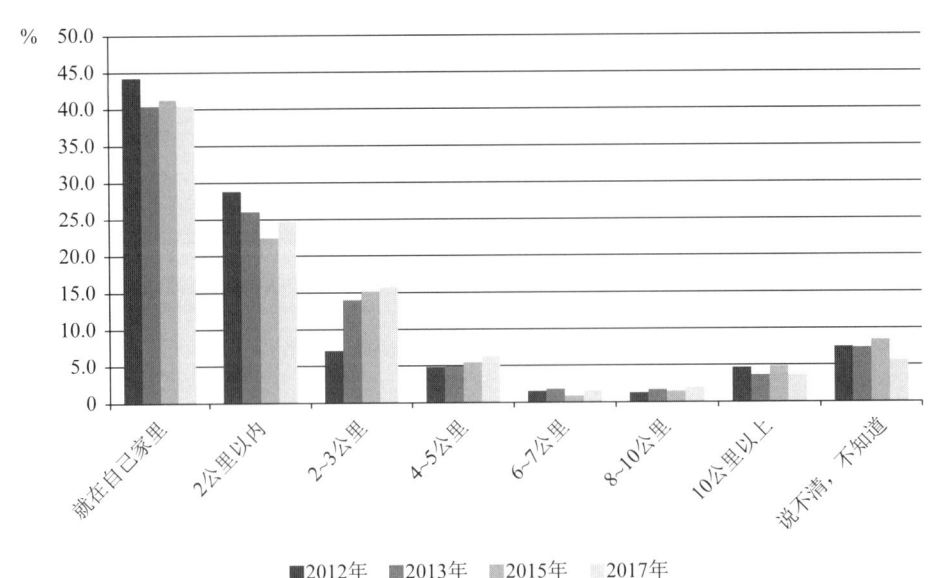

图 1-50　2012—2017 年中部地区城镇居民工作日休闲空间图

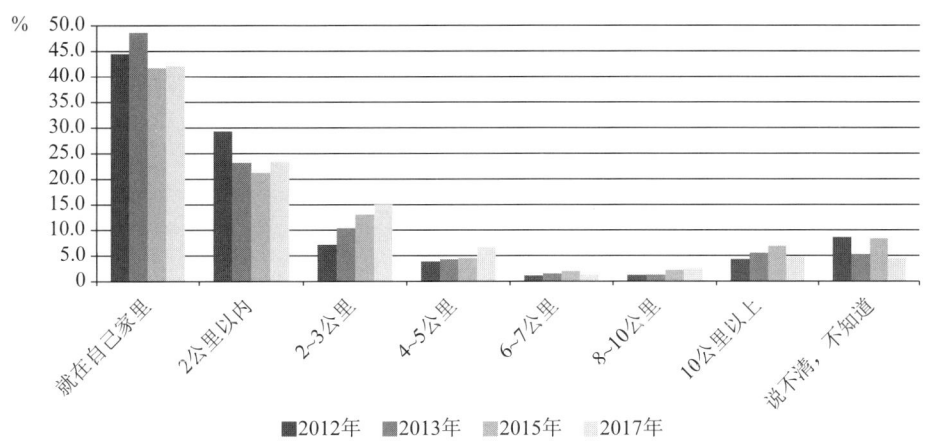

图 1-51 2012—2017 年西部地区城镇居民工作日休闲空间图

（2）东部地区城镇居民在周末休闲活跃，休闲范围较大

在周末，2017 年各地区城镇居民的休闲半径较工作日均出现明显的增大趋势，选择 2~3 公里及以上人数占比明显提高。比较来看，休闲半径在居家和 10 公里以外上均出现明显波动；尤以东部地区波动最为显著，在 2~3 公里的离家较近范围的休闲范围上亦出现明显变化；中西部地区基本与工作日休闲结构吻合。原因在于东部地区经济较中、西部发达，人们的休闲意识和休闲条件较高，因此周末时间，大部分城镇居民会选择离家休闲（图 1-52）。

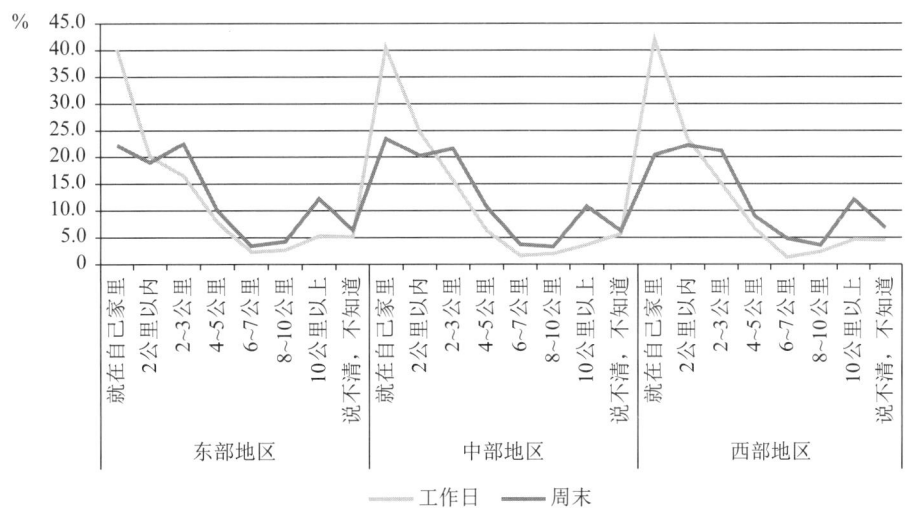

图 1-52 2017 年东中西地区周末、工作日休闲空间比较

（3）2017年节假日时期各个地区的休闲空间结构基本一致

在节假日，比对2017年各个地区休闲空间结构，发现全国各地区的休闲结构基本一致，仅在2~3公里内的休闲人次占比略有差异，但总体情况较为一致。原因分析：随着国民生活水平的提高，休闲度假意识的增强，节假日期间空闲时间较长，外出旅游和探亲访友是居民欢度节日的主要活动，交通的便利更是使得这种情况趋同更为明显。10公里以上的休闲半径为各地的最高峰值，在65%上下浮动（图1-53）。

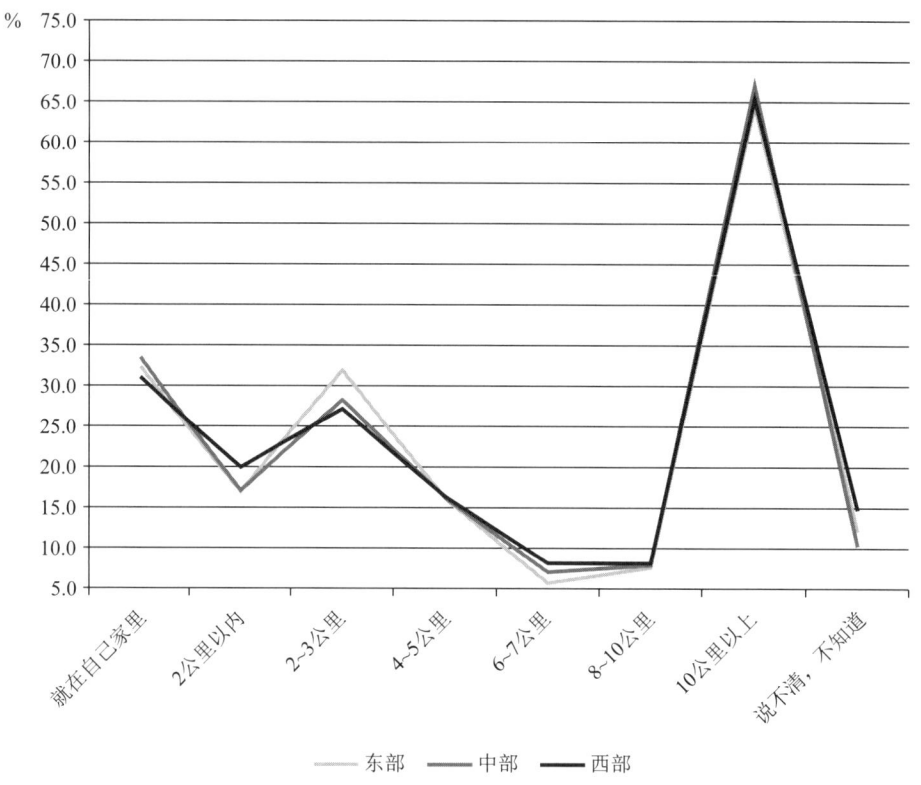

图1-53　2017年东中西部地区城镇居民休闲结构比较

2. 农村居民休闲空间区域差异

（1）农忙时西部地区家庭周边1公里休闲人次占比最高；中部农村居民更加偏爱远距离休闲活动

对比2017年各地区年数据，农忙时在家休闲放松是各地农村居民的主要选择，占比分别为65.5%、62.7%、58.7%。西部地区农村居民的休闲半径在家庭周边1公里以内的占比与在家基本持平,但明显高于东部、中部地区;西部农村居民在1公里范围内人数占总调查人数的比重是25.0%,东部为19.7%,中部为20.5%。原因可能在于东部人口较为密集,西部地多人少,因为休闲活动的范围有所增大。中部居民更较其他地区更青睐于距离休闲,相比于东部地区的2.8%、西部地区1.9%的比重,中部休闲半径在8公里以上人次占比达到了6%(图1-54)。

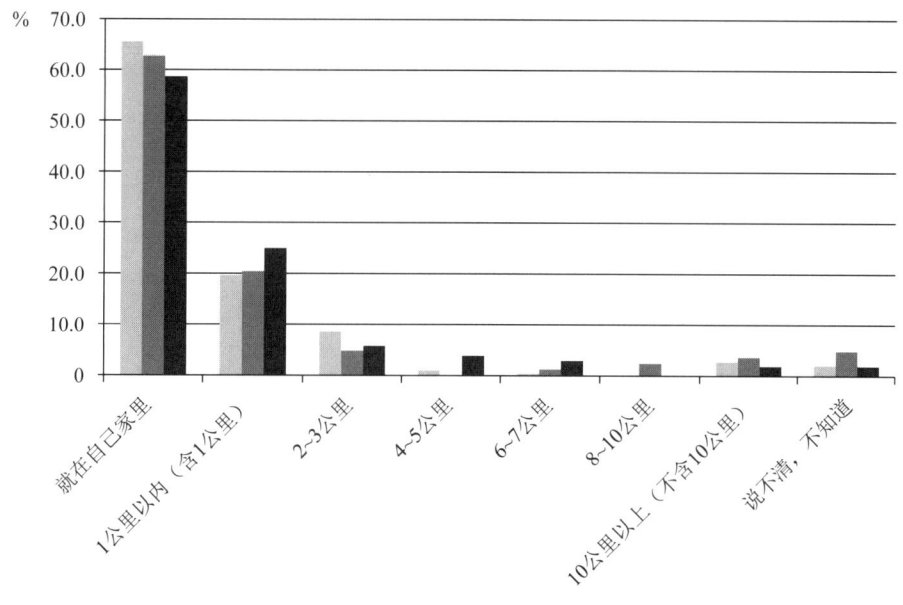

图1-54 2017年东中西部农村居民农忙时休闲空间比较

(2)农闲时,西部地区农村居民休闲空间分布最为均匀,中部地区休闲空间结构最为稳定

农闲时,农村居民卸下繁重的农务后拥有更多的闲暇时间,休闲半径较农忙时有所扩大。2017年数据显现,农村居民的休闲空间较农忙时变大,结构上看西部地区较其他地区休闲范围扩大最为明显,空间分布更加均匀;中部地区农村居民休闲结构稳定,只有休闲半径在2~3公里的占比由农忙时的4.8%上升为6.9%;8~10公里由2.4%减少为1.7%。(图1-55)。

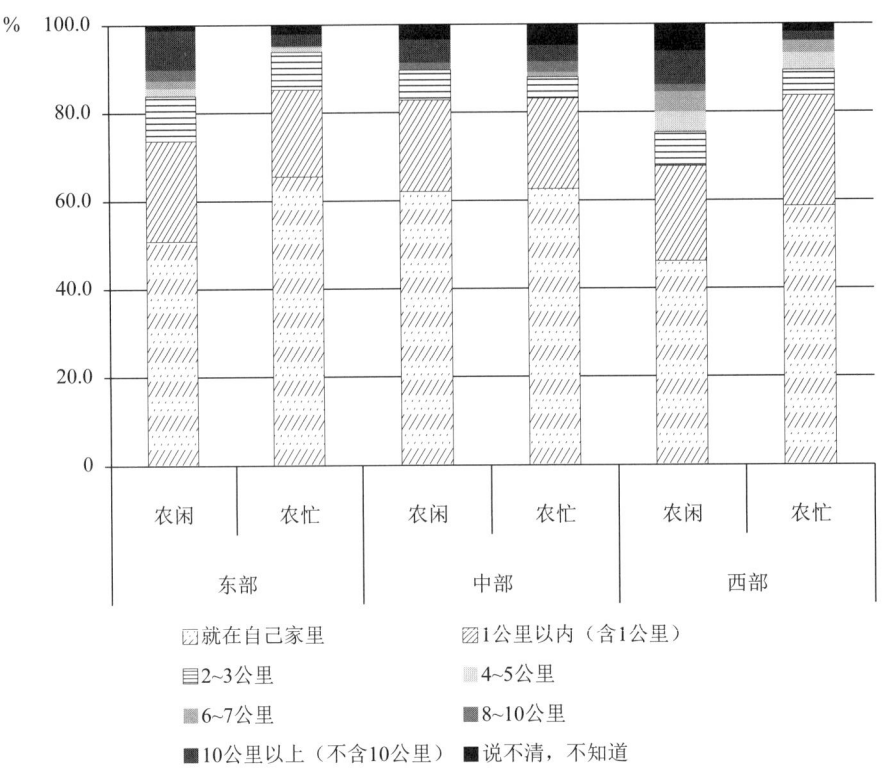

图1-55 2017年东中西部地区农村居民休闲空间结构比较

3. 退休居民休闲空间区域差异

西部地区85%以上的退休居民休闲半径集中在3公里以内,而东部地区退休居民3~10公里休闲占比同期最高。

调查分析显示,各地区的退休居民休闲空间集中在3公里范围以内:东部地区空间结构较为稳定,2013—2017年度变动不大;中部地区5年中波动较大;西部地区集中度最高,3公里以内占比总和达85%左右,2013年总和为90.8%,2015年占比总和为84.4%,2017年为87.4%。部分退休居民选择10公里以外的休闲活动,纵向上看各地区皆呈年度递增趋势,东部地区趋势表现最为明显(图1-56)。

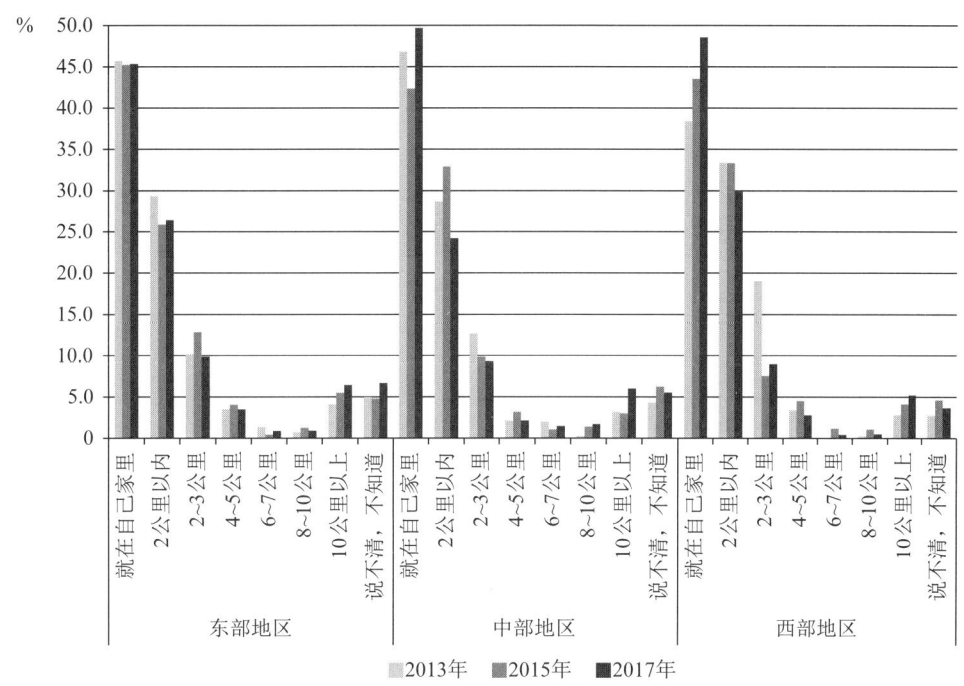

图1-56　2012—2017年各地区退休居民休闲空间比较

2017年数据显示，东部地区由于经济水平较高，日常休闲活动设施设备较为健全，因而休闲空间结构分布最均匀，各个范围都有一定数量的人群。西部退休居民更偏爱在家庭及周边3公里以内开展休闲娱乐，占比总和最高，达74.9%。但休闲半径在10公里以上的占比，各个地区占比相当（图1-57）。

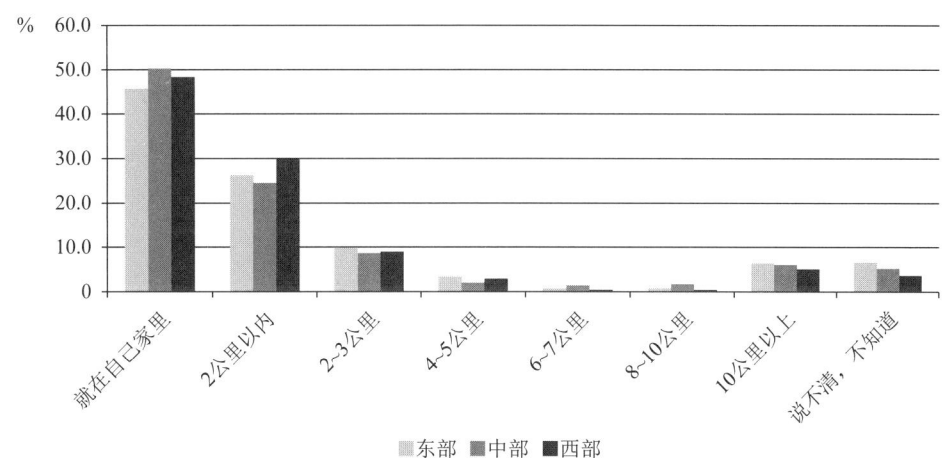

图1-57　2017年东中西部退休居民休闲空间比较

第二章
休闲城市竞争力

本报告选取北京市、天津市、石家庄市、秦皇岛市、太原市、呼和浩特市、沈阳市、大连市、长春市、哈尔滨市、上海市、南京市、苏州市、杭州市、宁波市、合肥市、福州市、厦门市、南昌市、济南市、青岛市、郑州市、武汉市、长沙市、广州市、深圳市、南宁市、桂林市、海口市、三亚市、重庆市、成都市、贵阳市、昆明市、拉萨市、西安市、兰州市、西宁市、银川市、乌鲁木齐市40个城市作为样本城市进行调研。在把握中国休闲城市旅游发展格局的基础上，以此分析中国休闲城市发展特征和发展趋势。数据显示，国民休闲存在巨大需求潜力，满意度逐渐提升，在发展过程中仍存在诸多制约因素。同时，国民休闲时代已经来临，成为服务经济背景下的重要生产和生活方式；全域旅游战略强力推动国民休闲发展，旅游休闲边界模糊、融合发展。

从区域上来看，休闲经济影响力中华北地区中北京市位居首位，华南地区的深圳市和广州市排在第二、第三的位置上，而华南地区的桂林市位居末尾。可以看出各地区城市在休闲经济影响力方面较分散。在休闲需求拉动力方面，华东地区的苏州市、南京市和合肥市位居前三，而华南地区的南宁市位居末尾。从休闲需求拉动力排名中可以看出华南地区还有待加强。位于华南地区的深圳市在基础设施支撑力、生态环境吸引力、休闲产品供给力三方面均排在首位。

一、中国休闲城市竞争力内容

（一）休闲城市竞争力理论框架

休闲城市竞争力理论框架是由休闲需求拉动力、休闲经济影响力、休闲产品供给力、基础设施承载力、生态环境吸引力五个维度构建而成。同时，基础设施和生态环境又分别对休闲需求和休闲产品有影响；而休闲需求和休闲产品作用于休闲经济。

目前国民休闲发展主要特征现状为国民休闲时代已经来临，成为服务经济背景下的重要生产和生活方式；全域旅游战略强力推动国民休闲发展，旅游休闲边界模糊、融合发展；国民休闲满意度逐步提升；国民休闲潜力需求巨大；国民休闲发展仍面临着诸多制约因素。

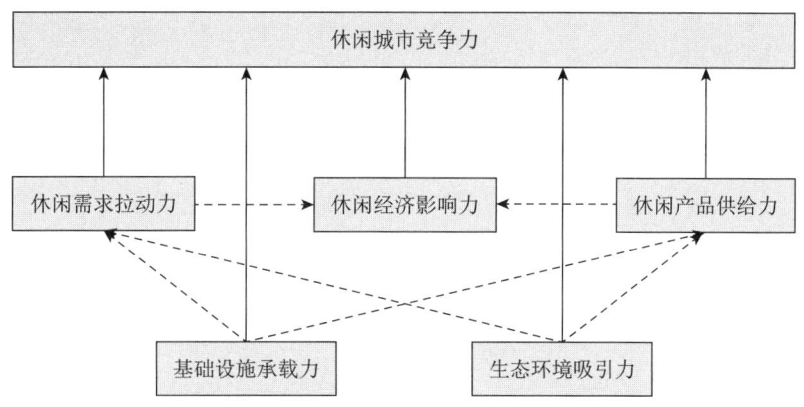

图 2-1 休闲城市竞争力理论框架

（二）休闲城市竞争力指标体系

休闲经济影响力主要由服务业发展水平、休闲经济市场规模、文化娱乐消费规模来反映其影响力。休闲需求拉动力旨在反映休闲产品购买力和休闲时间充裕度。基础设施支撑力主要衡量市内交通支撑力、城际交通支撑力、通信设施支撑力、社会公共服务水平、市政建设维护水平。生态环境吸引力包括气候宜居性、城市生态环境、循环城市建设三个方面因素。休闲产品供给力是从公共休闲产品供给、景区休闲产品供给、文化休闲产品供给三个方面对休闲产品供给力进行评估。二级指标是由相应指标层构成，共涉及 32 个指标层。

表 2-1 休闲城市竞争力指标体系

目标层	准则层	二级指标	指标层	单位	来源
休闲城市竞争力	休闲经济影响力	服务业发展水平	第三产业占GDP的比重	%	城市统计年鉴
			第三产业从业人员比重	%	城市统计年鉴
		休闲经济市场规模	人均社会消费品零售额	元	城市统计年鉴
			人均旅游收入	元	城市统计公报
		文化娱乐消费规模	数字经济发展指数		数字经济研究院
			人均电影市场票房贡献额	元	网站统计

续表

目标层	准则层	二级指标	指标层	单位	来源
休闲城市竞争力	休闲需求拉动力	休闲产品购买力	人均地区生产总值	元	城市统计年鉴
			城镇居民人均可支配收入	元	城市统计公报
			在职职工平均工资	元	城市统计年鉴
			居民人均人民币储蓄存款余额	元	城市统计年鉴
		休闲时间充裕度	居民休闲时间天数	天	中国旅游研究院
	基础设施支撑力	市内交通支撑力	每万人出租车拥有量	辆	城市统计年鉴
			每万人公共汽车营运数量	辆	城市统计年鉴
		城际交通支撑力	公路客运量	人次	城市统计年鉴
			民用航空客运量	人次	城市统计年鉴
		通信设施支撑力	每万户互联网用户数	户	城市统计年鉴
			每万人固定电话用户数	户	城市统计年鉴
			每万人移动电话用户数	户	城市统计年鉴
		社会公共服务水平	每万人拥有医生数	人	城市统计年鉴
		市政建设维护水平	城市建设维护支出	元	城市统计年鉴
	生态环境吸引力	气候宜居性	自然舒适度		中国旅游研究院
			空气质量良好以上天数	%	城市统计年鉴
		城市生态环境	人均绿地面积	㎡	城市统计年鉴
			建成区绿化覆盖率	%	城市统计年鉴
		循环城市建设	生活垃圾无害化处理率	%	城市统计年鉴
			污水处理厂集中处理率	%	城市统计年鉴
	休闲产品供给力	公共休闲产品供给	公共财政人均支出	元	城市统计年鉴
		景区休闲产品供给	旅游景区发展指数		中国旅游研究院
			每百万人国家级森林公园数	座	城市统计年鉴
		文化休闲产品供给	每百人公共图书藏量	册	城市统计年鉴
			每百万人剧场、影院数	座	城市统计年鉴
			每百万人文化馆、艺术馆数	家	城市统计公报

休闲经济影响力主要是从第三产业比重、人均额度和数字经济三个方面对休闲经济影响力进行测量。具体又划分为服务业发展水平、休闲经济市场规模、文化娱乐消费规模三类指标，包括六个指标层，分别是"第三产业占GDP的比重""第三产业从业人员比重""人均社会消费品零售额""人均旅游收入""数字经济发展指数""人均电影市场票房贡献额"。其中"第三产业占GDP的比重""第三产业从业人员比重"用来反映服务业发展水平。"人均社会消费品零售额""人均旅游收入"用来反映休闲经济市场规模。"数字经济发展指数""人均电影市场票房贡献额"用来反映文化娱乐消费规模。

休闲需求拉动力旨在反映旅游产业需求拉动能力，主要包括休闲产品购买力和休闲时间充裕度。休闲产品购买力主要从"人均地区生产总值""城镇居民人均可支配收入""在职职工平均工资""居民人均人民币储蓄存款余额"这四个方面来衡量。"居民休闲时间天数"可以反映出居民休闲时间充裕度。

基础设施支撑力旨在反映城市基础设施的综合水平，主要包括市内交通支撑力、城际交通支撑力、通信设施支撑力、社会公共服务水平、市政建设维护水平。"每万人出租车拥有量""每万人公共汽车营运数量"用来反映市内交通支撑力。"公路客运量""民用航空客运量"用来反映城际交通支撑力。"每万户互联网用户数""每万人固定电话用户数""每万人移动电话用户数"用来反映通信设施支撑力。"每万人拥有医生数"用来反映社会公共服务水平。"城市建设维护支出"用来反映市政建设维护水平。

生态环境吸引力从气候宜居性、城市生态环境、循环城市建设三个方面来衡量生态环境吸引力的能力。"自然舒适度""空气质量良好以上天数"这两个变量是反映气候宜居性的。"人均绿地面积""建成区绿化覆盖率"可以作为城市生态环境的数据支撑。"生活垃圾无害化处理率""污水处理厂集中处理率"可以评价城市的废弃物处理能力。

休闲产品供给力包含公共休闲产品供给、景区休闲产品供给和文化休闲产品供给三类指标。"公共财政人均支出"用来反映公共休闲产品供给能力。"旅游景区发展指数""每百万人国家级森林公园数"用来反映景区休闲产品供给，"每百人公共图书藏量""每百万人剧场、影院数""每百万人文化馆、艺术馆数"用来反映文化休闲产品供给。

（三）休闲城市竞争力评价所选城市

表 2-2 休闲城市竞争力指标体系

序号	城市	省份	序号	城市	省份
1	上海	上海	21	昆明	云南
2	北京	北京	22	成都	四川
3	杭州	浙江	23	银川	宁夏
4	南京	江苏	24	海口	海南
5	天津	天津	25	重庆	重庆
6	沈阳	辽宁	26	贵阳	贵州
7	长春	吉林	27	南昌	江西
8	哈尔滨	黑龙江	28	太原	山西
9	西安	陕西	29	济南	山东
10	福州	福建	30	乌鲁木齐	新疆
11	广州	广东	31	拉萨	西藏
12	长沙	湖南	32	青岛	山东
13	呼和浩特	内蒙古	33	大连	辽宁
14	西宁	青海	34	深圳	广东
15	南宁	广西	35	宁波	浙江
16	合肥	安徽	36	厦门	福建
17	石家庄	河北	37	苏州	江苏
18	郑州	河南	38	三亚	海南
19	兰州	甘肃	39	桂林	广西
20	武汉	湖北	40	秦皇岛	河北

课题组通过构建休闲城市竞争力评价理论框架，对中国 40 个城市的休闲竞争力进行评估。其中，样本城市中有 31 个直辖市和省会（首府）城市，如北京、上海、杭州、南京等，5 个计划单列城市分别是青岛、大连、深圳、宁波、厦门，和 4 个典型旅游城市分别是苏州、三亚、桂林、秦皇岛。

根据空间分析可知，我国华东地区占全国休闲城市样本的数量最多，华南、华北、西北、西南数量接近。从样本城市的空间分布来看，位于华东的城市有10个，华南、华北的城市有6个，西北、西南的城市各有5个，华中、东北的城市各有4个。因此，样本城市样本选择基本能反映不同区域休闲城市特征。

二、中国休闲城市竞争力排名

（一）休闲城市综合竞争力总排名

研究结果显示（表2-3），在中国休闲城市排名中，深圳市、北京市、广州市、拉萨市、厦门市、南京市、上海市、苏州市、杭州市、武汉市排名比较靠前。

表2-3 休闲城市综合竞争力排名

名次	城市	得分	名次	城市	得分
1	深圳	1.0000	18	南昌	0.2875
2	北京	0.8515	19	天津	0.2858
3	广州	0.5703	20	海口	0.2835
4	拉萨	0.5559	21	大连	0.2744
5	厦门	0.5322	22	宁波	0.2586
6	南京	0.5159	23	乌鲁木齐	0.2551
7	上海	0.5059	24	青岛	0.2340
8	苏州	0.4785	25	沈阳	0.2307
9	杭州	0.4439	26	银川	0.2284
10	武汉	0.3778	27	济南	0.2262
11	贵阳	0.3560	28	西安	0.2085
12	三亚	0.3536	29	哈尔滨	0.1976
13	呼和浩特	0.3325	30	福州	0.1545
14	昆明	0.3274	31	重庆	0.1460
15	合肥	0.3155	32	太原	0.1411
16	成都	0.2977	33	西宁	0.1239
17	长沙	0.2956	34	郑州	0.1139

续表

名次	城市	得分	名次	城市	得分
35	长春	0.0994	38	石家庄	0.0447
36	秦皇岛	0.0857	39	桂林	0.0020
37	兰州	0.0768	40	南宁	0.0000

在40个城市之中排名前十的城市有深圳、北京、广州、拉萨、厦门、南京、上海、苏州、杭州、武汉。深圳在五个单项指数中得分均较高，综合实力最强，位列综合排名第一位。北京作为中国的文化中心，服务业发展水平较高，其休闲经济影响力指数得分最高。苏州的休闲需求拉动力表现突出。广州、拉萨和厦门在各方面得分较为均衡，综合竞争力较为靠前。

深圳作为休闲城市的典型代表，休闲城市竞争力位居首位，主要是因为休闲产品供给力、基础设施承载力、生态环境吸引力这三部分得分均位于第一名。表示深圳无论是在产品供给、设施设备还是生态环境方面都有着坚实的发展基础，各方面发展较为均衡。

总之，各休闲城市各具特色。在未来的发展中，一方面应充分发挥休闲城市的优势，实现扬长避短、吸引游客；另一方面，可针对休闲城市薄弱环节，采取相应措施，全面提升休闲城市的竞争力。

（二）休闲经济影响力排名

研究结果显示（表2-4），在中国休闲城市休闲经济影响力排名中，北京市、深圳市、广州市、上海市、杭州市、三亚市、南京市、呼和浩特市、厦门市、武汉市排名比较靠前。

表2-4 休闲经济影响力排名

名次	城市	得分	名次	城市	得分
1	北京	1.0000	6	三亚	0.6260
2	深圳	0.9936	7	南京	0.5410
3	广州	0.9012	8	呼和浩特	0.5214
4	上海	0.7830	9	厦门	0.5159
5	杭州	0.6382	10	武汉	0.5065

续表

名次	城市	得分	名次	城市	得分
11	成都	0.4889	26	兰州	0.2758
12	海口	0.4886	27	沈阳	0.2732
13	拉萨	0.4374	28	哈尔滨	0.2504
14	贵阳	0.4264	29	郑州	0.2269
15	乌鲁木齐	0.4168	30	福州	0.2069
16	西安	0.4031	31	石家庄	0.1704
17	天津	0.4023	32	秦皇岛	0.1695
18	长沙	0.3574	33	南宁	0.1387
19	昆明	0.3407	34	合肥	0.1309
20	济南	0.3373	35	长春	0.1257
21	苏州	0.3347	36	重庆	0.1231
22	大连	0.3256	37	银川	0.1028
23	太原	0.3222	38	西宁	0.1024
24	宁波	0.3063	39	南昌	0.0787
25	青岛	0.3046	40	桂林	0.0000

（三）休闲需求拉动力排名

研究结果显示（表2-5），在中国休闲城市休闲需求拉动力排名中，苏州市、南京市、合肥市、南昌市、北京市、武汉市、上海市、拉萨市、长沙市、深圳市排名比较靠前。

表2-5 休闲需求拉动力排名

名次	城市	得分	名次	城市	得分
1	苏州	1.0000	6	武汉	0.5708
2	南京	0.9629	7	上海	0.5470
3	合肥	0.7487	8	拉萨	0.5191
4	南昌	0.7410	9	长沙	0.5141
5	北京	0.6608	10	深圳	0.4908

续表

名次	城市	得分	名次	城市	得分
11	成都	0.4823	26	郑州	0.2591
12	杭州	0.4781	27	厦门	0.2240
13	昆明	0.4440	28	秦皇岛	0.2206
14	大连	0.4422	29	石家庄	0.1915
15	宁波	0.4385	30	西安	0.1664
16	贵阳	0.4120	31	乌鲁木齐	0.1660
17	广州	0.3934	32	银川	0.1400
18	沈阳	0.3893	33	福州	0.1311
19	重庆	0.3815	34	太原	0.1260
20	青岛	0.3764	35	兰州	0.1176
21	天津	0.3737	36	三亚	0.0853
22	济南	0.3518	37	海口	0.0651
23	长春	0.3496	38	西宁	0.0623
24	哈尔滨	0.3224	39	南宁	0.0451
25	呼和浩特	0.3084	40	桂林	0.0000

（四）基础设施支撑力排名

研究结果显示（表2-6），在中国休闲城市基础设施支撑力排名中，深圳市、厦门市、北京市、拉萨市、广州市、海口市、乌鲁木齐市、贵阳市、南京市、三亚市排名比较靠前。

表2-6 基础设施支撑力排名

名次	城市	得分	名次	城市	得分
1	深圳	1.0000	6	海口	0.4564
2	厦门	0.7865	7	乌鲁木齐	0.4258
3	北京	0.7491	8	贵阳	0.4094
4	拉萨	0.5855	9	南京	0.3799
5	广州	0.5831	10	三亚	0.3766

续表

名次	城市	得分	名次	城市	得分
11	天津	0.3738	26	沈阳	0.2046
12	上海	0.3519	27	呼和浩特	0.1977
13	银川	0.3497	28	长沙	0.1807
14	太原	0.3485	29	大连	0.1622
15	杭州	0.3329	30	青岛	0.1587
16	西安	0.3190	31	福州	0.1337
17	昆明	0.3019	32	郑州	0.1314
18	合肥	0.2947	33	南宁	0.1263
19	苏州	0.2892	34	哈尔滨	0.1145
20	济南	0.2847	35	长春	0.1128
21	武汉	0.2788	36	南昌	0.1081
22	成都	0.2536	37	石家庄	0.0816
23	兰州	0.2443	38	秦皇岛	0.0332
24	西宁	0.2072	39	重庆	0.0209
25	宁波	0.2061	40	桂林	0.0000

（五）生态环境吸引力排名

研究结果显示（表2-7），在中国休闲城市生态环境吸引力排名中，深圳市、厦门市、广州市、北京市、银川市、福州市、海口市、昆明市、南昌市、贵阳市排名比较靠前。

表2-7 休闲经济影响力排名

名次	城市	得分	名次	城市	得分
1	深圳	1.0000	6	福州	0.6734
2	厦门	0.8420	7	海口	0.6548
3	广州	0.7675	8	昆明	0.5884
4	北京	0.7250	9	南昌	0.5829
5	银川	0.6753	10	贵阳	0.5801

续表

名次	城市	得分	名次	城市	得分
11	西宁	0.5433	26	秦皇岛	0.3306
12	重庆	0.5098	27	石家庄	0.3129
13	桂林	0.5073	28	大连	0.3072
14	沈阳	0.4849	29	济南	0.2942
15	武汉	0.4701	30	南宁	0.2927
16	青岛	0.4601	31	合肥	0.2663
17	长沙	0.4411	32	哈尔滨	0.2636
18	杭州	0.4240	33	西安	0.2631
19	三亚	0.3998	34	长春	0.2607
20	呼和浩特	0.3918	35	宁波	0.2436
21	上海	0.3805	36	太原	0.2292
22	拉萨	0.3721	37	天津	0.1875
23	乌鲁木齐	0.3655	38	苏州	0.1780
24	成都	0.3459	39	南京	0.0837
25	郑州	0.3315	40	兰州	0.0000

（六）休闲产品供给力排名

研究结果显示（表2-8），在中国休闲城市休闲产品供给力排名中，深圳市、拉萨市、北京市、三亚市、呼和浩特市、上海市、杭州市、哈尔滨市、厦门市、大连市排名比较靠前。

表2-8 休闲经济影响力排名

名次	城市	得分	名次	城市	得分
1	深圳	1.0000	6	上海	0.3843
2	拉萨	0.6934	7	杭州	0.3619
3	北京	0.6661	8	哈尔滨	0.3518
4	三亚	0.5314	9	厦门	0.3361
5	呼和浩特	0.4514	10	大连	0.3281

续表

名次	城市	得分	名次	城市	得分
11	苏州	0.3050	26	昆明	0.1413
12	宁波	0.2866	27	合肥	0.1275
13	银川	0.2802	28	武汉	0.1226
14	南京	0.2723	29	海口	0.1206
15	西宁	0.2400	30	济南	0.1164
16	天津	0.2391	31	重庆	0.1044
17	西安	0.2256	32	贵阳	0.0977
18	桂林	0.2098	33	沈阳	0.0904
19	乌鲁木齐	0.1950	34	太原	0.0825
20	兰州	0.1812	35	成都	0.0685
21	广州	0.1718	36	郑州	0.0550
22	秦皇岛	0.1680	37	南昌	0.0511
23	青岛	0.1645	38	长春	0.0449
24	长沙	0.1553	39	南宁	0.0206
25	福州	0.1499	40	石家庄	0.0000

三、休闲城市竞争力数据分析

（一）休闲经济影响力数据分析

休闲经济影响力的计算主要是通过服务业发展水平、休闲经济市场规模和文化娱乐消费规模这三方面的平均值计算得出。其中服务业发展水平是由第三产业占GDP的比重和第三产业从业人员比重这两个指标的平均值计算得出；休闲经济市场规模由人均社会消费品零售额和人均旅游收入这两个指标的平均值计算得出；文化娱乐消费规模是由数字经济发展指数和人均电影市场票房贡献额这两个指标的平均值计算得出。

表 2-9 休闲经济影响力

地区	城市名	服务业发展水平	休闲经济市场规模	文化娱乐消费规模	休闲经济影响力	排名
华北	北京市	0.9510	0.5058	0.6922	0.7163	1
华南	深圳市	0.3866	0.7580	0.9941	0.7129	2
华南	广州市	0.7074	0.5923	0.6876	0.6624	3
华东	上海市	0.6955	0.4073	0.6912	0.5980	4
华东	杭州市	0.4651	0.4772	0.6150	0.5191	5
华南	三亚市	0.8334	0.5689	0.1349	0.5124	6
华东	南京市	0.4871	0.4308	0.4802	0.4660	7
华北	呼和浩特市	0.7349	0.3615	0.2697	0.4554	8
华东	厦门市	0.3337	0.5349	0.4885	0.4524	9
华中	武汉市	0.3787	0.3998	0.5632	0.4472	10
西南	成都市	0.5091	0.2246	0.5792	0.4376	11
华南	海口市	0.8274	0.1511	0.3338	0.4375	12
西南	拉萨市	0.5903	0.3838	0.2546	0.4096	13
西南	贵阳市	0.4165	0.3686	0.4255	0.4035	14
西北	乌鲁木齐市	0.7084	0.1838	0.3028	0.3983	15
西北	西安市	0.5710	0.2056	0.3960	0.3909	16
华北	天津市	0.4340	0.3550	0.3823	0.3904	17
华中	长沙市	0.3614	0.3066	0.4299	0.3660	18
西南	昆明市	0.4904	0.2625	0.3177	0.3568	19
华东	济南市	0.5076	0.2232	0.3342	0.3550	20
华东	苏州市	0.1619	0.4291	0.4697	0.3536	21
东北	大连市	0.3855	0.2629	0.3975	0.3486	22
华北	太原市	0.5213	0.2282	0.2907	0.3467	23
华东	宁波市	0.1960	0.3433	0.4750	0.3381	24
华东	青岛市	0.3700	0.2381	0.4034	0.3372	25
西北	兰州市	0.5382	0.1348	0.2913	0.3214	26

续表

地区	城市名	服务业发展水平	休闲经济市场规模	文化娱乐消费规模	休闲经济影响力	排名
东北	沈阳市	0.4773	0.1509	0.3319	0.3200	27
东北	哈尔滨市	0.5575	0.1187	0.2465	0.3076	28
华中	郑州市	0.3326	0.1597	0.3920	0.2948	29
华东	福州市	0.2755	0.1845	0.3917	0.2839	30
华北	石家庄市	0.4314	0.0596	0.3010	0.2640	31
华北	秦皇岛市	0.4794	0.1415	0.1695	0.2635	32
华南	南宁市	0.4069	0.0916	0.2415	0.2467	33
华东	合肥市	0.2157	0.1669	0.3446	0.2424	34
东北	长春市	0.3032	0.1793	0.2362	0.2396	35
西南	重庆市	0.3270	0.0334	0.3542	0.2382	36
西北	银川市	0.3592	0.0467	0.2753	0.2271	37
西北	西宁市	0.4077	0.0441	0.2289	0.2269	38
华中	南昌市	0.1534	0.1948	0.2937	0.2140	39
华南	桂林市	0.2784	0.0810	0.1537	0.1710	40

休闲经济影响力主要是从服务业发展水平、休闲经济市场规模、文化娱乐消费规模这三个方面指标来进行测量的。在40个样本休闲城市中，排名前十的休闲城市里华东地区4个（占40%），华南地区3个（占30%），华北地区2个（占20%），华中地区1个（占10%）。华东地区休闲经济影响力强，是全国经济影响力影响范围大的地区。从休闲经济影响力的排名结果来看，呈现华东地区表现突出的局面，华南地区紧随其后。

休闲经济影响力排名前10中，近一半为直辖市、省会（首府）城市，如：上海、北京、杭州、南京、武汉、呼和浩特。其中北京作为中国的首都，其休闲经济影响力位于首位，深圳作为新一线城市的代表，其休闲经济影响力位于第二位。而华中地区只有武汉作为代表，表明该地区休闲经济影响力影响规模有限。

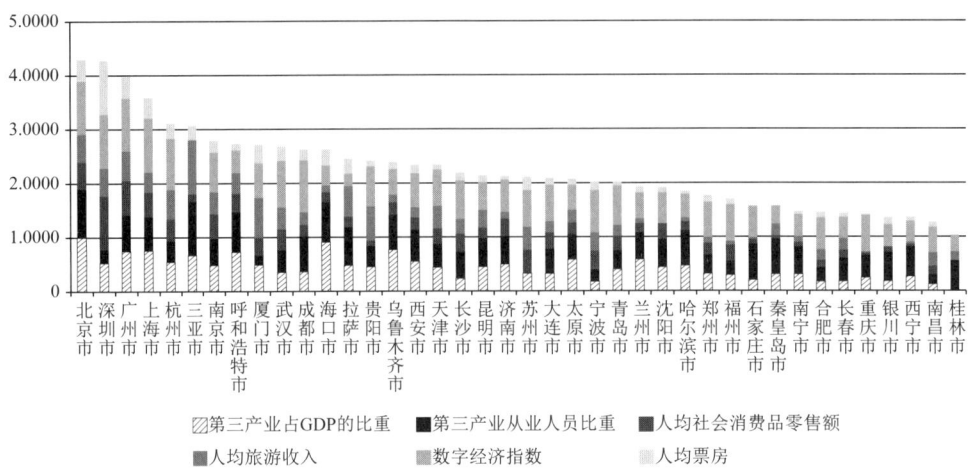

图 2-2 休闲经济影响力

（二）休闲需求拉动力数据分析

表 2-10 休闲需求拉动力

地区	城市名	休闲产品购买力	休闲时间充裕度	休闲需求拉动力	排名
华东	苏州市	0.6027	1.0000	0.8014	1
华东	南京市	0.5444	1.0000	0.7722	2
华东	合肥市	0.2077	1.0000	0.6038	3
华中	南昌市	0.1954	1.0000	0.5977	4
华北	北京市	0.8268	0.2426	0.5347	5
华中	武汉市	0.3473	0.5805	0.4639	6
华东	上海市	0.7732	0.1174	0.4453	7
西南	拉萨市	0.3161	0.5305	0.4233	8
华中	长沙市	0.4145	0.4243	0.4194	9
华南	深圳市	0.8021	0.0000	0.4010	10
西南	成都市	0.2583	0.5305	0.3944	11
华东	杭州市	0.5648	0.2173	0.3911	12
西南	昆明市	0.1981	0.5305	0.3643	13
东北	大连市	0.3158	0.4099	0.3629	14

续表

地区	城市名	休闲产品购买力	休闲时间充裕度	休闲需求拉动力	排名
华东	宁波市	0.5026	0.2173	0.3600	15
西南	贵阳市	0.1477	0.5305	0.3391	16
华南	广州市	0.6490	0.0000	0.3245	17
东北	沈阳市	0.2326	0.4099	0.3213	18
西南	重庆市	0.0998	0.5305	0.3151	19
华东	青岛市	0.3796	0.2426	0.3111	20
华北	天津市	0.3755	0.2426	0.3090	21
华东	济南市	0.3409	0.2426	0.2918	22
东北	长春市	0.1703	0.4099	0.2901	23
东北	哈尔滨市	0.1274	0.4099	0.2687	24
华北	呼和浩特市	0.2727	0.2426	0.2576	25
华中	郑州市	0.1953	0.2426	0.2189	26
华东	厦门市	0.3826	0.0000	0.1913	27
华北	秦皇岛市	0.1346	0.2426	0.1886	28
华北	石家庄市	0.0890	0.2426	0.1658	29
西北	西安市	0.2298	0.0623	0.1460	30
西北	乌鲁木齐市	0.2292	0.0623	0.1457	31
西北	银川市	0.1883	0.0623	0.1253	32
华东	福州市	0.2366	0.0000	0.1183	33
华北	太原市	0.1663	0.0623	0.1143	34
西北	兰州市	0.1531	0.0623	0.1077	35
华南	三亚市	0.1645	0.0000	0.0823	36
华南	海口市	0.1328	0.0000	0.0664	37
西北	西宁市	0.0661	0.0623	0.0642	38
华南	南宁市	0.1014	0.0000	0.0507	39
华南	桂林市	0.0304	0.0000	0.0152	40

休闲需求拉动力主要是以休闲产品购买力和休闲时间充裕度这两方面指标进行评价的。休闲产品购买力是由人均地区生产总值、城镇居民人均可支配收入、在职职工平均工资和居民人均人民币储蓄存款余额这四个指标的平均值计算得出。而休闲时间充裕度由城乡居民每年休闲时间的多少来衡量。

整体来看，华东地区在休闲需求拉动力方面占据有利优势，华中地区紧随其后。在40个样本城市中，排名前十里，华东地区4个（占40%），华中地区3个（占30%），华北、西南、华南各占1个（占10%）。总体来看，华东、华南地区在休闲需求拉动力方面发展良好，而华南、西北地区还有待加强。

（三）基础设施支撑力数据分析

表 2-11 基础设施支撑力

地区	城市名	市内交通支撑力	城际交通支撑力	通信设施支撑力	社会公共服务水平	市政建设维护水平	基础设施支撑力	排名
华南	深圳市	0.9747	0.3803	1.0000	1.0000	0.0846	0.6879	1
华东	厦门市	0.3659	0.3578	0.5048	0.5097	1.0000	0.5476	2
华北	北京市	0.5865	0.2750	0.3020	0.7391	0.7127	0.5231	3
西南	拉萨市	0.3422	0.2578	0.3722	0.4008	0.7048	0.4156	4
华南	广州市	0.3161	0.5817	0.4260	0.5539	0.1919	0.4139	5
华南	海口市	0.1763	0.5486	0.2223	0.6969	0.0095	0.3307	6
西北	乌鲁木齐市	0.5436	0.1277	0.2698	0.5490	0.0626	0.3105	7
西南	贵阳市	0.2359	0.6093	0.1590	0.3270	0.1677	0.2998	8
华东	南京市	0.2609	0.1329	0.3081	0.3038	0.3963	0.2804	9
华南	三亚市	0.4923	0.2655	0.2905	0.2859	0.0571	0.2782	10
华北	天津市	0.3489	0.0821	0.1458	0.2736	0.5318	0.2764	11
华东	上海市	0.3649	0.1883	0.3035	0.4111	0.0422	0.2620	12
西北	银川市	0.3215	0.1018	0.2031	0.4177	0.2589	0.2606	13
华北	太原市	0.2475	0.0792	0.2012	0.6005	0.1704	0.2598	14
华东	杭州市	0.1960	0.1118	0.3629	0.5225	0.0545	0.2495	15
西北	西安市	0.1653	0.1853	0.2545	0.2340	0.3629	0.2404	16
西南	昆明市	0.1666	0.2524	0.1714	0.4342	0.1212	0.2292	17

续表

地区	城市名	市内交通支撑力	城际交通支撑力	通信设施支撑力	社会公共服务水平	市政建设维护水平	基础设施支撑力	排名
华东	合肥市	0.1264	0.0546	0.1156	0.1183	0.7072	0.2244	18
华东	苏州市	0.0831	0.1450	0.4134	0.3464	0.1162	0.2208	19
华东	济南市	0.1505	0.0397	0.2161	0.5600	0.1230	0.2179	20
华中	武汉市	0.2337	0.0831	0.3035	0.3563	0.0933	0.2140	21
西南	成都市	0.1205	0.0740	0.2729	0.3547	0.1647	0.1974	22
西北	兰州市	0.3162	0.1327	0.1573	0.3393	0.0110	0.1913	23
西北	西宁市	0.2705	0.0841	0.0734	0.2338	0.1727	0.1669	24
华东	宁波市	0.0819	0.0581	0.3357	0.3123	0.0431	0.1662	25
东北	沈阳市	0.2524	0.0873	0.1546	0.2691	0.0627	0.1652	26
华北	呼和浩特市	0.2926	0.0980	0.0950	0.2910	0.0269	0.1607	27
华中	长沙市	0.1295	0.0699	0.1652	0.3232	0.0597	0.1495	28
东北	大连市	0.2102	0.0724	0.1443	0.2146	0.0453	0.1373	29
华东	青岛市	0.1374	0.0871	0.1981	0.2527	0.0000	0.1351	30
华东	福州市	0.0846	0.0905	0.1676	0.1332	0.1172	0.1186	31
华中	郑州市	0.1345	0.0538	0.1743	0.2229	0.0000	0.1171	32
华南	南宁市	0.0723	0.0417	0.0802	0.1614	0.2131	0.1137	33
东北	哈尔滨市	0.1951	0.0432	0.0854	0.0887	0.1174	0.1060	34
东北	长春市	0.2005	0.0423	0.0812	0.1427	0.0576	0.1049	35
华中	南昌市	0.0978	0.0555	0.1109	0.0952	0.1496	0.1018	36
华北	石家庄市	0.0558	0.0347	0.0952	0.1834	0.0529	0.0844	37
华北	秦皇岛市	0.1107	0.0114	0.1188	0.0181	0.0039	0.0526	38
西南	重庆市	0.0386	0.0649	0.0741	0.0000	0.0448	0.0445	39
华南	桂林市	0.0000	0.0598	0.0160	0.0371	0.0409	0.0308	40

基础设施支撑力主要由市内交通支撑力、城际交通支撑力、通信设施支撑力、社会公共服务水平和市政建设维护水平这五个方面共同组成。其中，市内

交通支撑力由每万人出租车拥有量和每万人公共汽车营运数量计算得出；城际交通支撑力由公路客运量和民运航空客运量计算得出；通信设施支撑力是由每万户互联网用户数、每万人固定电话用户数和每万人移动电话用户数这三部分计算得出；社会公共服务水平和市政建设维护水平分别由每万人拥有医生数和城市建设维护支出计算得出。

在排名前十的城市中，华南地区4个（占40%），华东、西南各有2个（各占20%），华北、西北各1个（各占10%）。由前十排名可以看出华南地区休闲城市在基础设施支撑力方面占据绝对优势。

（四）生态环境吸引力数据分析

生态环境吸引力是由气候宜居性、城市生态环境和循环城市建设这三方面指标计算得出。其中，气候宜居性是由自然舒适度和空气质量良好以上天数这两个指标计算得出，城市生态环境是由人均绿地面积和建成区绿化覆盖率两类指标计算得出，循环城市建设是由生活垃圾无害化处理率和污水处理厂集中处理率这两类指标计算得出。

表2-12　生态环境吸引力

地区	城市名	气候宜居性	城市生态环境	循环城市建设	生态环境吸引力	排名
华南	深圳市	0.7714	0.7648	0.9523	0.8295	1
华东	厦门市	0.9976	0.3897	0.8960	0.7611	2
华南	广州市	0.7665	0.5369	0.8830	0.7288	3
华北	北京市	0.5740	0.7040	0.8533	0.7104	4
西北	银川市	0.6041	0.5575	0.9050	0.6889	5
华东	福州市	0.8861	0.2873	0.8908	0.6881	6
华南	海口市	0.8448	0.2680	0.9273	0.6800	7
西南	昆明市	0.8732	0.2477	0.8328	0.6512	8
华中	南昌市	0.7645	0.2542	0.9279	0.6488	9
西南	贵阳市	0.8790	0.1410	0.9229	0.6476	10
西北	西宁市	0.6902	0.2563	0.9487	0.6317	11
西南	重庆市	0.6568	0.2624	0.9325	0.6172	12
华南	桂林市	0.7944	0.2111	0.8428	0.6161	13

续表

地区	城市名	气候宜居性	城市生态环境	循环城市建设	生态环境吸引力	排名
东北	沈阳市	0.4842	0.3352	1.0000	0.6064	14
华中	武汉市	0.5444	0.3196	0.9360	0.6000	15
华东	青岛市	0.5383	0.2619	0.9868	0.5957	16
华中	长沙市	0.6066	0.1558	1.0000	0.5875	17
华东	杭州市	0.5212	0.2994	0.9195	0.5800	18
华南	三亚市	0.5513	0.3406	0.8168	0.5696	19
华北	呼和浩特市	0.4649	0.3114	0.9221	0.5661	20
华东	上海市	0.5264	0.2880	0.8691	0.5612	21
西南	拉萨市	0.9196	0.0232	0.7299	0.5576	22
西北	乌鲁木齐市	0.5767	0.3226	0.7649	0.5547	23
西南	成都市	0.5556	0.2740	0.8090	0.5462	24
华中	郑州市	0.3768	0.2457	0.9974	0.5400	25
华北	秦皇岛市	0.4118	0.2564	0.9506	0.5396	26
华北	石家庄市	0.3551	0.3014	0.9393	0.5319	27
东北	大连市	0.3500	0.3111	0.9273	0.5295	28
华东	济南市	0.3809	0.2440	0.9466	0.5238	29
华南	南宁市	0.6410	0.2621	0.6665	0.5232	30
华东	合肥市	0.3778	0.2792	0.8783	0.5118	31
东北	哈尔滨市	0.4399	0.3118	0.7801	0.5106	32
西北	西安市	0.3875	0.2885	0.8550	0.5103	33
东北	长春市	0.4637	0.2418	0.8225	0.5093	34
华东	宁波市	0.5006	0.2316	0.7735	0.5019	35
华北	太原市	0.2927	0.2975	0.8968	0.4957	36
华北	天津市	0.4712	0.1687	0.7929	0.4776	37
华东	苏州市	0.3832	0.2769	0.7605	0.4735	38
华东	南京市	0.4075	0.3905	0.5000	0.4327	39
西北	兰州市	0.5592	0.1922	0.4378	0.3964	40

在前十排名中，华南地区3个（占30%），华东、西南地区各有2个（各占20%），华北、西北、华中这三个城区各1个（各占10%）。深圳市在生态环境吸引力方面再次表现突出，位居样本城市首位。

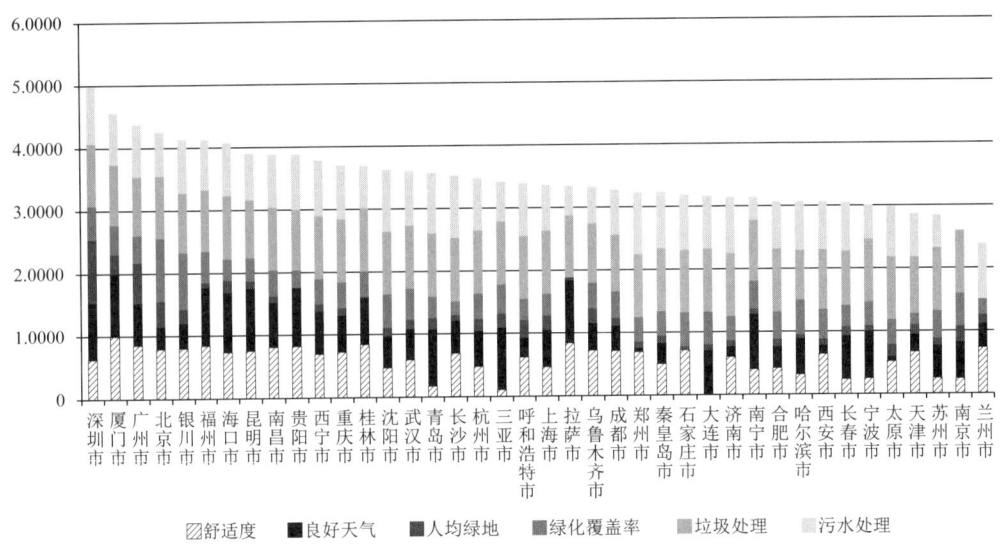

图2-3　生态环境吸引力

（五）休闲产品供给力数据分析

休闲产品供给力是由公共休闲产品供给、景区休闲产品供给和文化休闲产品供给这三方面指标计算得出。其中，公共休闲产品供给由公共财政人均支出计算得出，景区休闲产品供给由旅游景区发展指数和每百万人国家级森林公园数两类指标计算得出，文化休闲产品供给由每百人公共图书藏量，每百万人剧场、影院数，每百万人文化馆、艺术馆数等三类指标计算得出。

表2-13　休闲产品供给力

地区	城市名	公共休闲产品供给	景区休闲产品供给	文化休闲产品供给	休闲产品供给力	排名
华南	深圳市	1.0001	0.1010	0.6857	0.5956	1
西南	拉萨市	0.3716	0.6880	0.2135	0.4244	2
华北	北京市	0.3763	0.5481	0.3030	0.4091	3
华南	三亚市	0.1359	0.5000	0.3659	0.3339	4

续表

地区	城市名	公共休闲产品供给	景区休闲产品供给	文化休闲产品供给	休闲产品供给力	排名
华北	呼和浩特市	0.0966	0.3386	0.4326	0.2892	5
华东	上海市	0.3813	0.1454	0.2286	0.2518	6
华东	杭州市	0.1129	0.4194	0.1854	0.2392	7
东北	哈尔滨市	0.0179	0.5855	0.0973	0.2336	8
华东	厦门市	0.2619	0.2907	0.1218	0.2248	9
东北	大连市	0.0697	0.4714	0.1201	0.2204	10
华东	苏州市	0.1579	0.3333	0.1312	0.2075	11
华东	宁波市	0.1378	0.2887	0.1651	0.1972	12
西北	银川市	0.1031	0.3136	0.1642	0.1937	13
华东	南京市	0.0998	0.2864	0.1815	0.1892	14
西北	西宁市	0.0488	0.3891	0.0756	0.1712	15
华北	天津市	0.2674	0.1643	0.0802	0.1707	16
西北	西安市	0.0403	0.3390	0.1100	0.1631	17
华南	桂林市	0.0030	0.3908	0.0691	0.1543	18
西北	乌鲁木齐市	0.0792	0.2964	0.0627	0.1461	19
西北	兰州市	0.0556	0.2900	0.0694	0.1384	20
华南	广州市	0.1440	0.1129	0.1424	0.1331	21
华北	秦皇岛市	0.0100	0.3244	0.0584	0.1310	22
华东	青岛市	0.0937	0.2246	0.0687	0.1290	23
华中	长沙市	0.0745	0.2278	0.0694	0.1239	24
华东	福州市	0.0464	0.2506	0.0654	0.1208	25
西南	昆明市	0.0482	0.2025	0.0975	0.1161	26
华东	合肥市	0.0439	0.2066	0.0746	0.1084	27
华中	武汉市	0.1044	0.0449	0.1676	0.1056	28
华南	海口市	0.0456	0.1998	0.0681	0.1045	29
华东	济南市	0.0430	0.1584	0.1049	0.1021	30

续表

地区	城市名	公共休闲产品供给	景区休闲产品供给	文化休闲产品供给	休闲产品供给力	排名
西南	重庆市	0.0435	0.2308	0.0121	0.0954	31
西南	贵阳市	0.0566	0.1011	0.1173	0.0917	32
东北	沈阳市	0.0382	0.1048	0.1198	0.0876	33
华北	太原市	0.0417	0.0694	0.1385	0.0832	34
西南	成都市	0.0464	0.1312	0.0486	0.0754	35
华中	郑州市	0.0838	0.0803	0.0394	0.0678	36
华中	南昌市	0.0373	0.1359	0.0239	0.0657	37
东北	长春市	0.0283	0.1023	0.0559	0.0622	38
华南	南宁市	0.0063	0.0874	0.0523	0.0486	39
华北	石家庄市	0.0002	0.0819	0.0293	0.0371	40

在排名前十的休闲城市中，华东地区有3个（占30%），东北、华北和华南三个地区分别有2个（各占20%），西南地区只有1个（占10%）。深圳市再次位居休闲产品供给力首位。

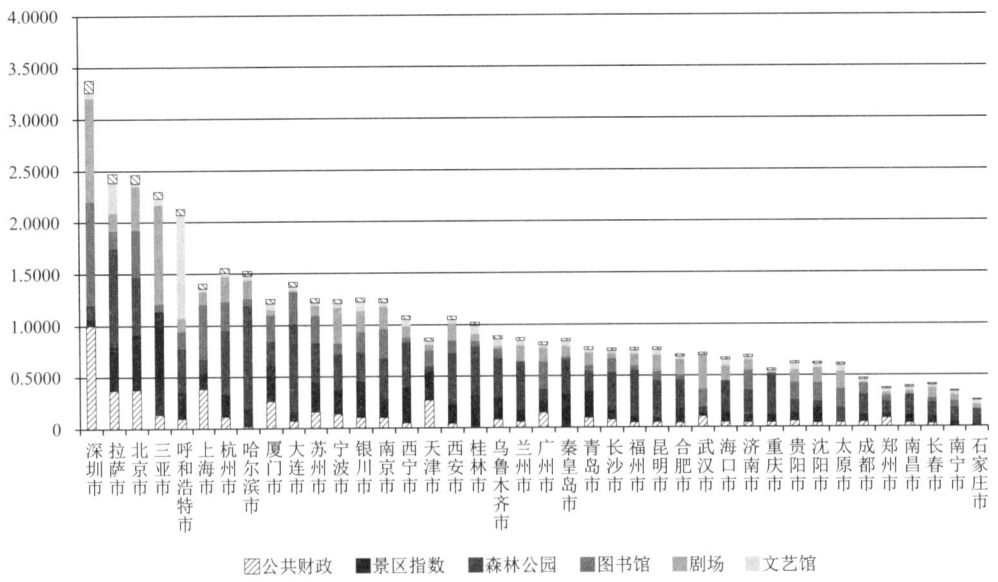

图2-4 休闲产品供给力

第三章
热点休闲产业专题研究

一、乡村旅游

（一）总体特征

1. 乡村旅游以城市居民为主

我国作为农业大国，农村人口占据较大比重。如今，随着生活节奏的加快，人们逐渐出现亚健康状态，解决这一问题最好的方法就是寻找一处安静的地方来使身心得到放松，缓解快节奏生活下累积的压力。乡村旅游应运而生，乡村是人与自然和谐相处之地，城市居民在乡村美丽的环境中感受慢节奏的乐趣，所以城市居民是乡村旅游的主力。

2. 乡村旅游扶贫、振兴农村发展

乡村休闲产业已成为地方经济社会发展新支点，在带动农民就业增收、实现乡村振兴、促进城乡一体化等方面成效显著。2016年全国乡村休闲产业接待近21亿人次，带动农民就业达672万户845万人，从业人员人均年收入超过3万元；实现营业收入超过5700亿元，相比2010年行业营业收入1200亿元，增长近5倍，年均增幅达到29.7%。2018年中央一号文件全面谋划乡村振兴，多次提及乡村旅游。文件明确提出了"实施休闲农业和乡村旅游精品工程，建设一批设施完备、功能多样的休闲观光园区、森林人家、康养基地、乡村民宿、特色小镇。""创建一批特色生态旅游示范村镇和精品线路，打造绿色生态环保的乡村生态旅游产业链。"乡村振兴的宗旨是让农业成为有奔头的行业，农民成为有吸引力的行业，农村成为安居乐业的家园。

乡村旅游扶贫主要是科学编制乡村旅游扶贫规划、加强旅游基础设施建设、大力开发乡村旅游产品、加强旅游宣传营销、加强乡村旅游扶贫人才培训这五种方式来推动乡村发展。在《关于印发乡村旅游扶贫工程行动方案的通知》中提到乡村旅游发展的八项行动，分别是乡村环境综合整治专项行动、旅游规划扶贫公益专项行动、乡村旅游后备箱和旅游电商推进专项行动、万企万村帮扶专项行动、百万乡村旅游创客专项行动、金融支持旅游扶贫专项行动、扶贫模

式创新推广专项行动、旅游扶贫人才素质提升专项行动,这八项行动作为精准扶贫的重要行动依托,促进贫困地区摆脱贫穷,走向小康。另外,开发乡村旅游可增加旅游就业机会,可以从一定程度上解决农村剩余劳动力的问题,缓解农村剩余劳动力对城市的压力。

《国务院关于印发"十三五"脱贫攻坚规划的通知》中提到,要因地制宜开展乡村旅游。开展贫困村旅游资源普查和旅游扶贫摸底调查,建立乡村旅游扶贫工程重点村名录。以具备发展乡村旅游条件的 2.26 万个建档立卡贫困村为乡村旅游扶贫重点,推进旅游基础设施建设,实施乡村旅游后备箱工程、旅游基础设施提升工程等一批旅游扶贫重点工程,打造精品旅游线路,推动游客资源共享。安排贫困人口旅游服务能力培训和就业。

3. 乡村旅游产品特色化、多样化

产业形态由初级阶段的农家乐和采摘园向精品民宿、现代农业园区、农业公园等深度休闲度假型转变;休闲农业与教育文化、健康养老、信息科技等产业融合不断深化;乡村休闲产品类型多样:以"吃农家饭、住农家院、摘农家果"为主要内容的农家乐;以休闲度假和参与体验为核心内容的休闲农庄;以农耕文化和现代科技为主要内容的现代农业示范园;以展示农业生产过程和田园风光为主要内容的农业观光园;以彰显传统农耕文化和特色文化为主要内容的民俗村;田园综合体、农业主题公园、高端民宿、特色小镇等各种新模式。

(二)乡村旅游典型发展模式

1. 主题乡村旅游

(1)发展思路

主题乡村旅游发展要结合习近平总书记的"三农"思想,将乡村振兴战略作为首要任务,结合农业农村各项工作,大力发展特色农业,同时整治农村的人居生存环境。以特色农业为主题,开展主题乡村旅游,开发特色乡村产品,努力实现乡村全面振兴。

(2)典型案例

——山西:"一减五增"特色兴农

山西推进农业供给侧改革,打造特色农产品品牌,提升产品品质,调节产业结构。鼓励农民创新,以创新思想带动农业发展。同时建设农村改革的试验区、科技创新的示范区、实施乡村振兴战略的先行区。以发展农家乐为主,打造乡村旅游示范区,创建特色乡村旅游品牌。

——黑龙江省：雪乡景区

雪乡原名双峰林场，积雪期长达7个月，雪量堪称中国之最，素有"中国雪乡"的美誉。这里民风淳朴，景色迷人，独特的气候环境吸引着喜爱冰雪的游客前往。在这里不仅滑雪设备充足，同时也是拍照，游览美景的好去处。

借鉴意义：乡村旅游主要以乡村独特的自然景观、人文特色为主吸引着游客前去观光游览。场地方面以农庄或农场旅游为主，包括休闲农庄，观光果园、茶园、花园，休闲渔场，农业教育园，农业科普示范园、冰雪场地等，体现休闲、娱乐和增长见识为主题乡村旅游。在人文方面乡村的语言、饮食、服饰、民俗活动、风土人情、宗教信仰、乡村游戏、节庆赛事、田园文化、农耕文化等，涉及乡村的社会、经济、宗教、政治等各方面，都是乡村特有的知识体系。结合资源禀赋、人文历史和产业特色，挖掘农村文化，讲好自然和人文故事，以不同主题型的乡村旅游来吸引游客。

2. 观光休闲型乡村旅游

（1）发展思路

观光型乡村旅游要根据当地乡村特色，结合古镇、古村落打造当地特有的乡村旅游景点，以当地的生态环境为依据，增加现代化设施，保障干净卫生的环境，同时整治交通。以便利的交通、优良的环境以及当地的人文气息吸引游客的到来。

（2）典型案例

——湖南省：韶山市韶山旅游区

湘潭韶山旅游区位于长沙、株洲、湘潭三市交界处，是中国人民的伟大领袖毛泽东同志的故乡。韶山的人文景观和自然景观都极其丰富，人文景观主要有毛泽东故居、毛泽东铜像、毛泽东纪念馆、毛泽东遗物馆、毛泽东诗词碑林、毛泽东纪念园等，自然景观有充满神秘色彩的"西方山洞"滴水洞以及黑石寨等景观。这里将红色文化与绿色生态景观完美地融合在一起，同时辅以当地的民俗文化，打造休闲乡村旅游区。据《湘潭·韶山市2017年国民经济和社会发展统计公报》获悉：2017年全年来韶游客累计达2052万人次，比上年增长9.2%，其中过夜游客272万人次，增长1.5%。实现旅游总收入602 809万元，比上年增长14.1%。

——安徽省：黄山市黟县

安徽省黄山市黟县的宏村是一处拥有众多明清建筑的古村落。2000年，宏村被联合国教科文组织列入世界文化遗产名录,它是一个拥有900多年历史的皖南古村落,被誉为"中国画里的乡村"。宏村以其秀丽的山水风貌、特色的徽派建筑以及当地居民生活构成了一种活的完整皖南古村落生态风貌。当地居民在此生活是宏村的一个特点,这不但对传承当地风俗、文化有着重要意义,对宏村古建筑本身的保护也起到了重要作用。其田园风光、自然山水风光和乡村人文风貌交相辉映,是乡村民俗旅游的典范。

——江苏省:昆山市周庄·香村

黄酒飘香的周庄祁浜村东临天花荡,周庄·香村是周庄依托水乡古镇旅游文化品牌拓展开发的乡村旅游体验项目,从一座乡村转变为集住宿、餐饮、农事体验于一体的旅游村落。围绕全域旅游发展思路创新推出的"古镇+自然村落"模式,实现了以古镇游为核心,整合周边旅游资源同步开发的新局面。这种方式不仅尊重村庄自然风貌机理、引导和带动村民参与、还原村庄淳朴的田园风光为主线,同时还配备游客接待中心、农耕文化展区、特色农耕体验区等配套设施,为游客打造以渔耕文化为载体、具有丰富民俗特色的旅游目的地。

——广西壮族自治区:桂林市阳朔县

阳朔县位于广西壮族自治区的东北部,建县已1400余年,素有"桂林山水甲天下,阳朔堪称甲桂林"的美誉。在《阳朔县2016年国民经济和社会发展统计公报》中获悉,2016年全年阳朔县接待游客人数1439.76万人次,增长10.3%,旅游总消费117.84亿元,增长17.6%。

阳朔县重点实施遇龙河生态环境与农业休闲旅游体验示范区、百里新村生态农业旅游示范带、漓江东线(阳朔段)生态乡村示范区、"生态县城"立体绿化等四大生态示范工程,形成一批文化特色鲜明、生态环境良好、建筑风格明显、乡土记忆保存完整的美丽村落。

借鉴意义:以古镇、村落为特色,以生态环境为吸引物,吸引游人参观,带动当地经济消费。还可加大对古镇古村落的保护,同时带动现代产业发展,让古镇与现代产业相互融合,让游客在参观游览过程中不仅体验到古镇古村落的传统建筑带来的感官欣赏,同时还享受着现代生活的便利。另外,观光休闲型乡村旅游让游客们在游览过程中不仅能欣赏美景,享受美食,还可通过古镇、古村落了解学习当地的文化知识,历史故事。

3. 乡村旅游扶贫

（1）发展思路

乡村旅游扶贫以旅游产业为依托，结合当地资源实现乡村旅游扶贫富民工程。开办民宿、农家乐，增加农村就业，同时建立当地农副土产品销售，增加贫困村集体收入和建档立卡贫困人口人均收入。同时对深度贫困地区旅游资源普查，完善旅游扶贫规划，设计精品旅游路线帮助深度贫困地区、推广跨区域自驾游等，提高旅游扶贫的精准性，真正让贫困地区、贫困人口受益。

（2）典型案例

——贵州省：西江千户苗寨

贵州西江千户苗寨是一个苗族"原始生态"文化保存完整的地方，依山而建成片相连的自然村寨是目前中国乃至全世界最大的苗族聚居村寨，这里保留了丰富的苗族历史和习俗，积淀了深厚的文化知识，可以说是中国苗族漫长历史与发展的"博物馆"。

2008年西江建立苗族博物馆，开办了家庭博物馆，打造苗族文化点，同时建设好交通设施，打造与外界的交通通道，提高村落的基础设施设备，最终成为全国乡村旅游扶贫的示范，相继被评为"中国历史文化名镇""中国十大最美村落""中国少数民族特色村寨""中国十大优秀国际乡村旅游目的地""世界十大乡村旅游度假胜地""中国景观村落""全国农业旅游示范点"等称号。2011年8月被国家旅游局评为国家AAAA级景区。

——青海省：卯寨景区

卯寨景区位于乐都区高庙镇卯寨沟，从贫困村到旅游示范点，3.9万贫困人口去年靠旅游业实现增收。青海省积极将乡村山水资源转化为旅游资源，打造特色乡村旅游品牌，推进乡村旅游提档升级、提质增效，集中力量打造40个具有示范带动作用的示范村；政府部门推动旅游扶贫，加大政策扶持力度，充分发挥旅游产业带动效应，引导和扶持农户参与乡村旅游的开发经营，大力发展富有地方特色的乡村旅游。

借鉴意义：西江苗寨提升旅游扶贫基础设施，全面提升通村公路、网络通信基站、供水供电、垃圾污水处理设施水平。乡村旅游扶贫规划启动"六小工程"，确保建好一个停车场、一个旅游厕所、一个垃圾集中收集站、一个医疗急救站、一个农副土特产品商店和一批旅游标识标牌。到2020年，完成50万户贫困户"改厨、改厕、改客房、整理院落"的"三改一整"工程。旅游业关联度高,具有"一业兴,百业旺"的牵引作用。抓好乡村旅游扶贫工程助推乡村振兴为突破口,坚持生态优先理念,树立产业融合发展的新理念,坚定不移推进"旅游+"融合发展,始终围绕旅游精准扶贫这个难点,积极探索旅游扶贫、旅游致富的新路子,推动乡村旅游发展实现新的突破,让更多贫困群众走上脱贫致富的道路。

4. "厕所革命"

(1)发展思路

扎实推进"厕所革命",以政策引导、标准规范、技术创新、典型示范,持续推进旅游"厕所革命"。不断提升假日旅游公共服务水平,强化假日旅游宣传引导,为游客出行提供便利。重点整体改造乡村旅游厕所,着力推进高寒、缺水地区厕所技术革新,推进厕所无障碍化。"十三五"期间,新建、改扩建10万座旅游厕所,主要旅游景区、旅游场所、旅游线路和乡村旅游点的厕所全部达到A级标准,实现数量充足、干净无味、实用免费、管理有效,中西部地区旅游厕所建设难题得到初步解决。

(2)典型案例

——山东:无公害厕所

扎实推进"厕所革命",不断提升假日旅游公共服务水平,强化假日旅游宣传引导,为游客出行提供便利。山东省微山湖景区打造无害化生态旅游厕所,施工方便、安装迅速,游客使用便利、没有异味,既解决了广大游客燃眉之急又实现了生态保护,受到一致好评。

借鉴意义:一是要坚持从实际出发,按照经济、实用、卫生的原则,细化乡村旅游区(点)和乡村旅游经营户厕所建设改造标准,不照搬城市和景区模式,不搞一刀切、齐步走。二要积极探索符合乡村实际的厕所运营管理模式。

二、体育旅游

(一)总体特征

1. 我国居民体育休闲消费需求旺盛,休闲方式呈现向多元化和积极化方向转变的趋势

随着休闲意识的不断增强与体育休闲设施的持续完善,国民进行体育休闲的热情高涨,休闲方式呈现多样化和积极化的特征。2014年,20岁以上人群中,

有39.9%的人有过体育消费，全年人均消费926元，较2007年增长了52%。2016年，中国体育健身市场规模接近1.5万亿元人民币，其中体育产品和装备的消费占了近70%。

本研究提取休闲问卷中有关体育休闲涉及的相关数据，对我国居民的体育休闲特征进行分析。根据问卷设计，体育休闲活动包括以下7种类型：健身、瑜伽等；羽毛球、篮球、足球等球类活动；游泳；跑步；散步遛弯；唱歌跳舞、广播操等；武术、响鞭、陀螺等传统体育锻炼活动。数据表明：散步遛弯和球类运动最受我国居民青睐；近六成居民的体育休闲活动集中在2公里半径范围内；80%以上的居民每天进行体育休闲活动的时间在2小时以内；不同性别、不同年龄段、不同婚姻状况的居民在选择体育休闲方式上存在明显的差异性。

问卷数据显示，2013—2017年期间，选择跑步、健身瑜伽等体育休闲活动的居民占比呈明显上升趋势，分别由2013年的6.24%、4.81%上升为2017年的12.82%和10.8%；而球类活动、唱歌跳舞和传统体育休闲活动的居民占比呈下降态势，分别由2013年的24.95%、9.69%、6.09%下降为2017年的21.52%、6.08%和1.71%；选择游泳和散步遛弯的居民比例呈现波动中略有下降的变化趋势（图2-1）。

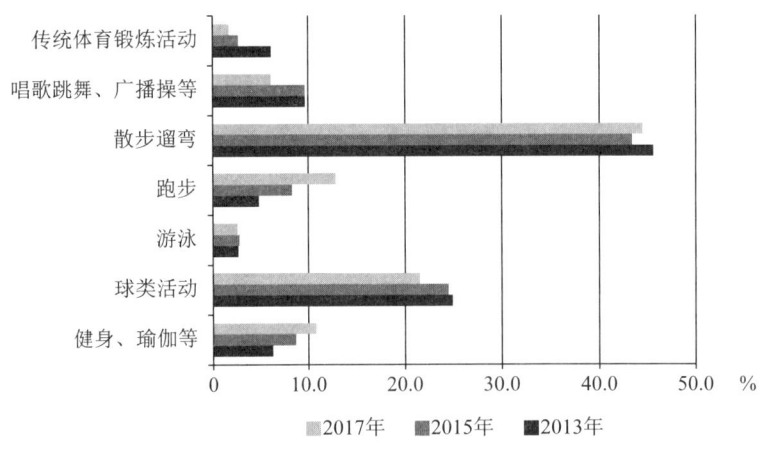

图3-1 2013—2017年我国居民选择体育休闲方式比例

（1）散步遛弯和球类运动是我国居民最喜欢的体育休闲方式

总体来看，目前全国居民参与体育休闲的项目以散步遛弯和球类运动为主。其中休闲时间进行散步遛弯的居民比例最多，2013年、2015年、2017年进行散步遛弯的居民比例分别达到了 45.6%、35.8%、44.5%。在工作日、周末和节假日进行散步遛弯的城镇居民人数差异明显，2013—2017 年的城镇居民在这三个时间段进行散步遛弯的比例呈递减态势（图 3-2）。居民一般在工作日或周末等休闲时间较少的时段进行散步遛弯，多数居民进行散步遛弯的时间一般不超过 1 小时或在 1~2 小时内。休闲时间进行球类运动的居民人数仅次于散步遛弯，但选择球类运动的居民人数不稳定，呈波动态势。性别差异在球类项目中表现最为明显，男女之间的比例差异在 2013—2017 年间分别达到 13.3%、23%、14.6%（图 3-3）。由于球类运动的运动强度较大，对身体健康要求较高，参加球类运动的居民年龄集中在 15~29 岁和 30~44 岁两个年龄段之间，主要是青少年和中年两个群体。

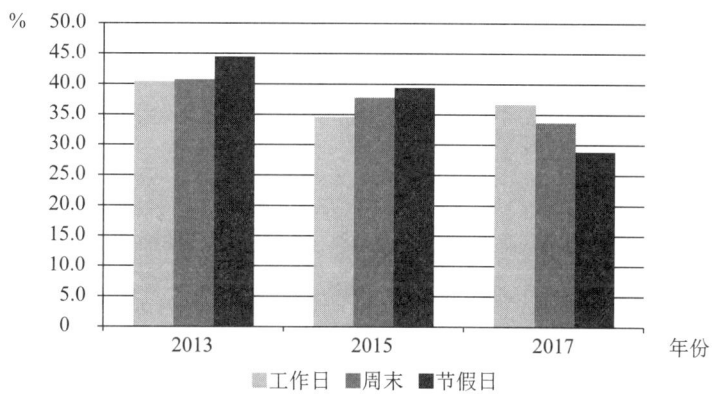

图 3-2　2013—2017 年城镇居民不同时间段散步比例

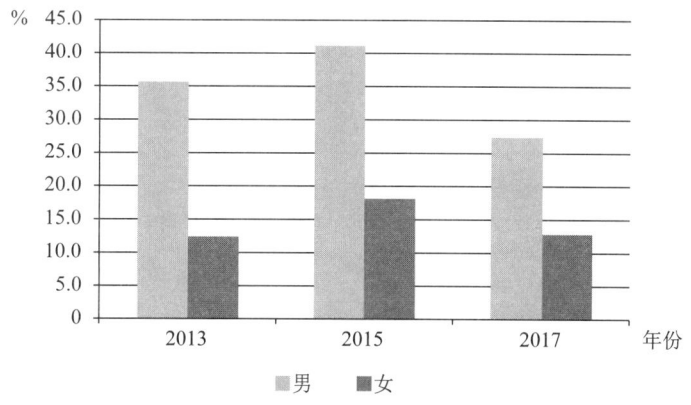

图 3-3　2013—2017 年不同性别居民选择球类运动比例

（2）选择跑步的居民人数呈明显上升趋势，且工作日、节假日和周末等不同时段的选择人数差异明显

多数居民在选择体育休闲活动时对消费标准和场地正规性不做硬性要求，以简便易行为主。跑步这种简便易行的体育休闲方式受到越来越多的居民欢迎，调查数据显示，选择跑步的居民从2013年的4.8%上升到2017年的12.8%。但城镇居民在工作日、周末、节假日选择跑步的比例呈下降趋势（图3-4）。随着体育设施的完善、体育休闲方式的多样化，越来越多的城镇居民可能会在休闲时间充足时选择其他休闲方式，导致三个时间段的比例差异越来越明显，即在工作日跑步的居民越来越多，呈上升趋势，而在周末和节假日选择跑步的居民比例呈相反趋势。

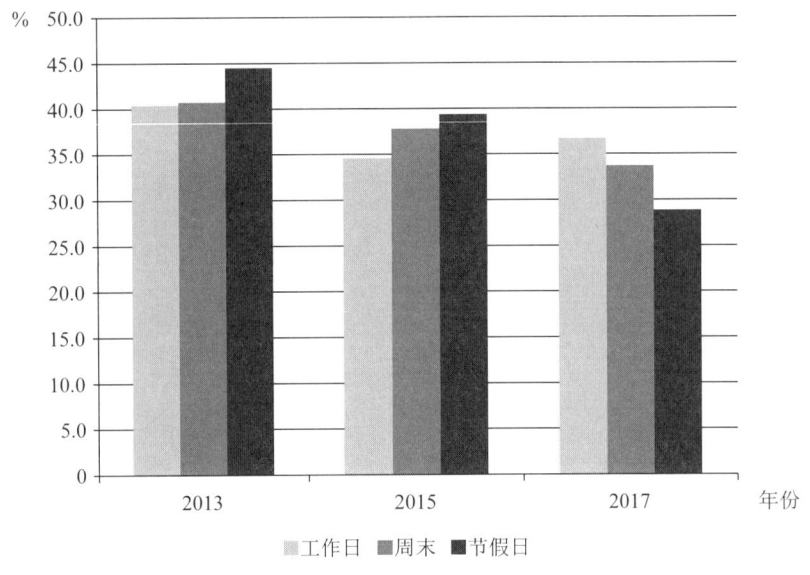

图3-4　2013—2017年城镇居民不同时间段跑步比例

（3）年龄、性别、婚姻状况是居民体育休闲方式差异的重要影响因素

不同性别、不同年龄、不同婚姻状况的居民在选择体育休闲方式上存在明显的差异性。不同性别的群体偏爱的体育运动方式存在差异，多数男性喜欢球类运动、跑步等运动强度较大的体育休闲方式，而女性更偏爱散步遛弯、唱歌跳舞、瑜伽等体育休闲方式。以2017年数据为例（图3-5），选择散步遛弯、健身瑜伽、唱歌跳舞三种体育休闲方式的女性比例多于男性，而选择跑步、游

泳、球类运动的男性比例多于女性。

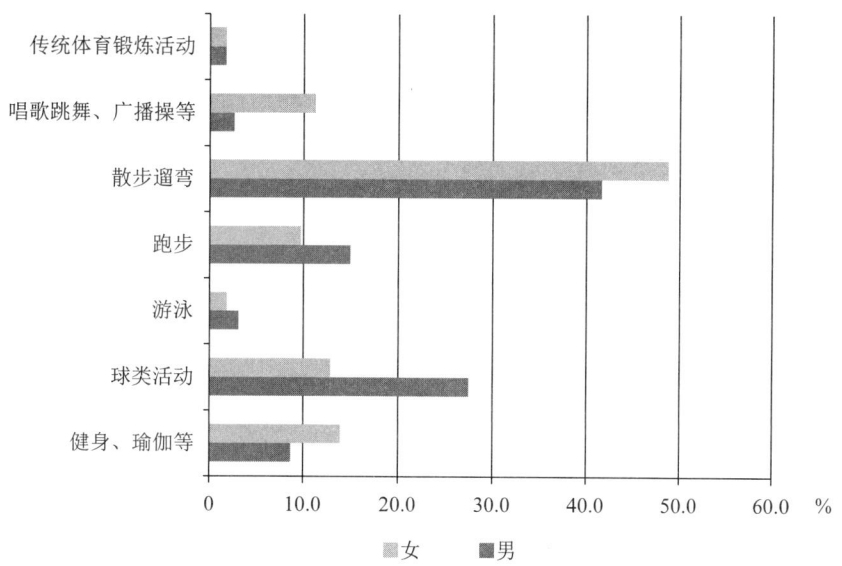

图 3-5　2017 年不同性别选择体育休闲活动的比例

不同年龄段人群喜爱的体育休闲运动差异明显。年龄在 15~29 岁的青少年群体偏最喜爱球类运动（图 3-6），其次分别是散步遛弯、跑步和健身、瑜伽类体育运动。青少年在 2013—2017 年间选择各类体育运动的比例趋势，除了散步遛弯和球类运动，基本与总趋势一致。而年龄在 30~44 岁的中年群体更偏爱散步遛弯的运动休闲方式，其次是球类运动。随着年龄增长，选择球类运动、跑步、健身和瑜伽类体育运动的居民人数呈下降趋势（以球类运动为例，图 3-7），这 3 类运动强度较大，对身体要求较高，所以居民比例会减少。而随之上升的是散步遛弯、唱歌跳舞和传统体育锻炼活动，这类体育运动强度相对较小，更适合中老年群体，其中人数上升趋势最快的体育运动是散步遛弯（图 3-8）。总体来说，一般中老年人群出于身体状况的考虑，多数选择散步遛弯、唱歌跳舞、太极拳等运动强度不大的体育休闲项目，年轻人则多数选择篮球、跑步、游泳等运动强度较大的体育休闲项目。

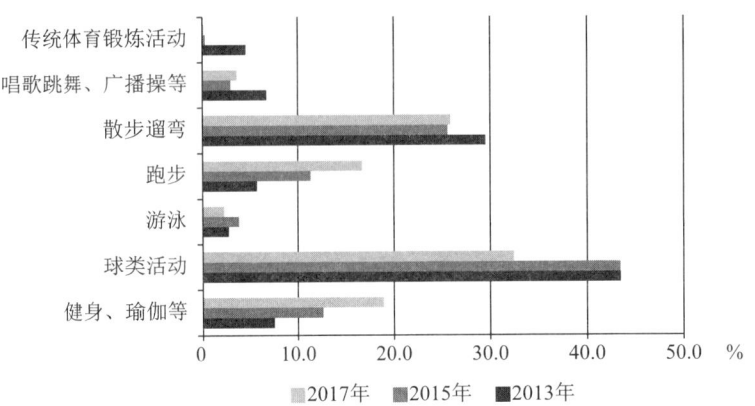

图 3-6 2013—2017 年 15~29 岁人群选择体育休闲活动比例

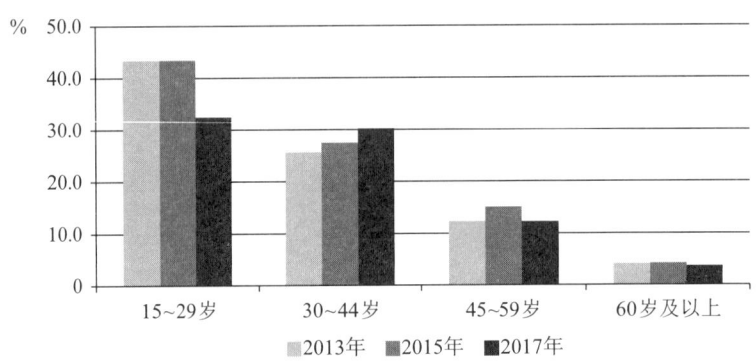

图 3-7 2013—2017 年不同年龄段选择球类运动人数比例

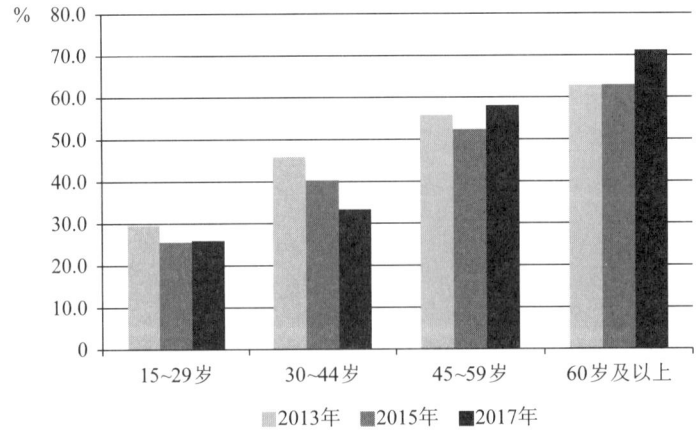

图 3-8 2013—2017 年不同年龄段选择散步运动人数比例

此外，2013—2017年间，不同婚姻状况的居民选择体育休闲方式的比例也存在差异。以2017年为例（图3-9），居民在婚后进行散步遛弯的人数明显多于婚前，而未婚人群选择球类活动、跑步、健身和瑜伽三类体育休闲活动的比例高于已婚人群。

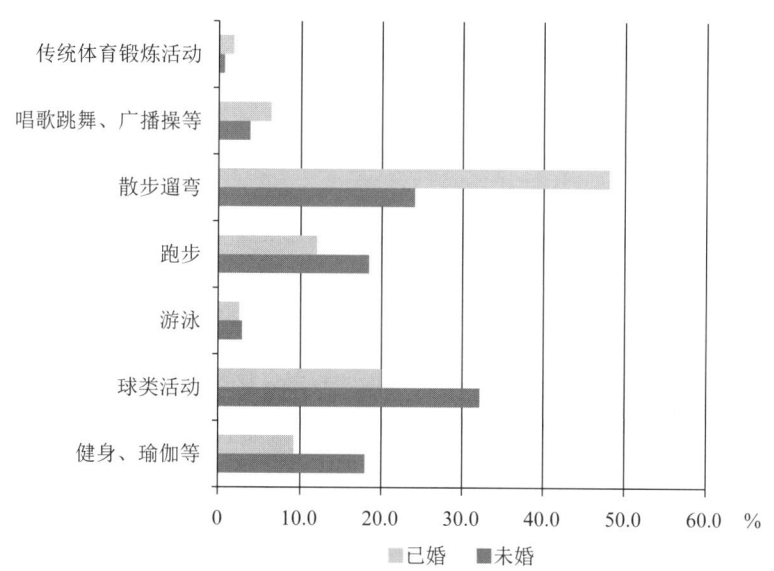

图3-9 不同婚姻状况选择体育休闲活动比例

（4）我国大多数居民每天花费2小时左右在距家2公里范围内进行体育休闲

从体育休闲时空特征看，60%左右的居民体育休闲活动集中在2公里半径范围内（图3-10），近80%的居民每天进行体育休闲活动的时间在2小时以内，说明我国居民一般就近选择体育休闲场地，进行2小时左右的体育休闲运动。从各项体育休闲方式来看，大多数居民进行跑步运动时持续时间不会超过2小时，休闲半径在2公里以内。选择散步遛弯的居民体育休闲半径在2公里以下的占总人次近半数，其次是2~3公里以内的居民比例，超过四成。此外，居民进行球类运动的时间长度主要集中在1~2小时，其次是不超过1小时和3~4小时。休闲半径与选择散步遛弯的居民一致，都是集中在2公里以内和2~3公里。

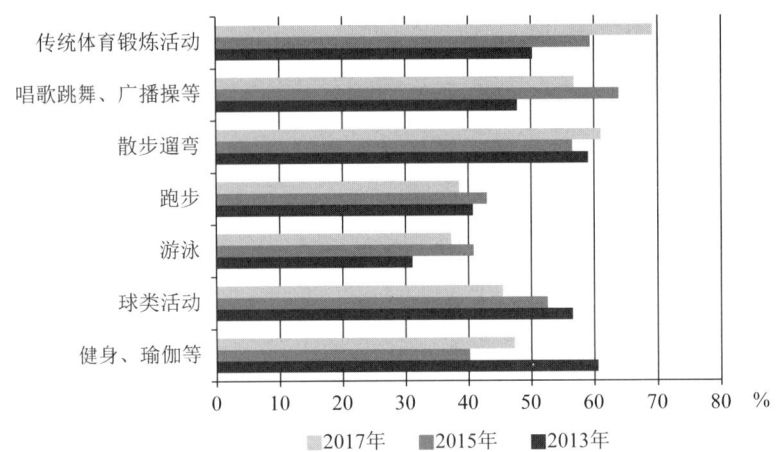

图 3-10 2013—2017 年居民选择休闲活动半径在 2 公里以内比例

2. 体育休闲产业形态日趋综合，产品类型不断丰富

"体育＋休闲"是一个极具潜力的新增长点，体育休闲产业是以体育运动为载体、以参与体验为主要形式、以促进身心健康为目的，向大众提供相关产品和服务的一系列经济活动，涵盖健身休闲相关服务、健身休闲设施建设、健身休闲器材装备制造等产业门类。近年来，体育与旅游、健康、养老等生活性服务业不断融合，同时结合文化、教育、农业、交通等产业，产生一批体育休闲新产品和新业态，如冰雪运动休闲、山地户外运动休闲、水上运动休闲、汽车摩托车休闲、航空运动休闲和健身气功养生休闲。如 2017 年，我国在普及足球、马拉松等体育休闲项目的基础上，大力发展冰雪、山地等户外运动，以及马术、高尔夫等特色体育休闲运动。随着 2022 年北京—张家口冬奥会的即将举办，京郊和崇礼地区的滑雪场也纷纷涌现，仅崇礼县城已有万龙、翠云山等 6 家雪场营业。冬奥会的举办，必将带动冰雪运动人数增加，以青少年为重点，全国中小学校园冰雪运动特色学校在 2020 年将达到 2000 所，2025 年达到 5000 所，直接参与冰雪运动的人数将超过 5000 万人次，带动 3 亿人参与冰雪运动。此外，据中国马拉松年会上公布的统计报告显示，2011—2014 年全国马拉松赛事场次分别为 22 场、33 场、39 场和 51 场。2016 年，场次增加至 116 场，参赛人次超过 23 万人次。目前，全国 34 个省、直辖市、自治区，只有 10 个没有举办过马拉松。

3. 体育休闲公共服务水平日益提升

2014年国务院发布的《关于加快发展体育产业促进体育消费的若干意见》是中国体育事业飞速发展的重要节点。《意见》中提到，到2025年体育产业总规模超过5万亿元，体育公共服务基本覆盖全民；并鼓励社会资本进入体育产业领域，建设体育设施，开发体育产品，提供体育服务。国家层面的体育基金发展势头迅猛，2015年、2016年大批体育产业基金相继成立，形成热潮，2015年中国体育产业基金规模为255亿元，到2016年达345亿元，相比2015年提升近百亿。

2017年群众身边的体育健身组织、健身设施、健身活动、健身赛事、健身指导、健身文化等全民健身"六个身边"工程稳步实施，为我国群众体育的发展和体育消费市场的形成创造了良好氛围。2017年我国投入中央资金30多亿元，支持地方建设一批县级公共体育场、社区健身中心、农民体育健身工程等公共体育场地设施，进一步完善国民体育休闲场地设施体系。

（二）体育休闲典型发展模式

1. 体育休闲公园

（1）发展思路

体育休闲公园和一般的体育场所的区别在于有大面积的园林绿化景观，能为市民提供多样化的体育服务，并且具备一定的游览休憩功能。体育休闲公园的布局形式很多，其布局基础是创造美丽的风景，并将体育活动与自然环境融为一体。体育休闲公园一般包括三大功能分区：运动休闲区——根据地质地貌与地形特点，运动休闲又可以分为水上运动区和陆地运动区。水上运动区配置相应的水上运动器材，陆地运动区开辟空旷的场地以便开展体育运动，如草坪和草坡，以及足球场、网球场、羽毛球场等较为专业的运动场馆。综合服务区——在体育公园内入口处或者主干道交会处建设一个集餐饮、娱乐、休息为一体的游客服务区。此外，在综合服务区还会特别配备急救中心。景观观光区——景观观光区是体育休闲公园的主景区，以自然景观为主。其在功能上与体育设施相呼应，将健身活动融于自然景色中，从而达到了生态健身的效果。

（2）典型案例

——国外成功案例

瑞士苏黎世州的体育公园中心系统在乔灌木之间开阔的林中空地上建造了体操场、体操馆；在草坪和硬质地面上建造了游戏场、游泳设施和文化教育设施，包括展览馆、音乐厅和游艺馆等；为游人安静休息和从事多种形式的训练和娱乐创造了宜人的环境。在各分区和各场地间，合理配置的绿化与巧妙利用自然地形相结合，使公园内各个区域，以及公园与周围用地间形成良好的隔离。

瑞典的格夫列市体育公园在林中留出大片空地供游人休息及自由玩耍。公园东部在夏季的使用率很高，这里有游泳池和水上娱乐项目；西部主要供人们冬季从事体育锻炼，在30m高的小山岗上建造了具有不同坡度和地形的山坡，适合乘雪橇或滑雪板的青少年。

——李宁体育公园

李宁体育公园是目前国内首个最大公益性体育园区，也是南宁首个运动主题公园。全园分为体育运动区、文化活动区、体育娱乐区、极限运动区、服务配套区5个部分。园区通过利用绿篱、行道树或园林小品进行区域分割，将激烈运动和缓和运动分离，既保证各区域相互不干扰，又突出各区域的体育主题。

李宁体育公园建设有三大特点：一是充分利用园区资源，开展大众体育活动。园内的场馆采取分时段收费，白天室外场地免费，室内场地折扣优惠的原则，来降低场地的空置率。二是承接体育赛事，优化场地资源。园区成立有体育策划团队，该团队主要利用李宁体育基金举办体育赛事，从运动训练、赛事举办、社会体育等各方面对园区的场地资源进行运作。三是组织体育主题活动，推广体育项目。四是定期升级配套设施，满足大众体育需求。

借鉴意义：一是扩展体育类型，丰富体育活动内容。扩展体育类型，增加类似迷你高尔夫球场、跳竹竿等项目，实现中西体育休闲运动结合。二是注重园林设计，加强植物造景。例如，利用攀援植物的特性建设植物长廊，增加市民室外运动场所。三是强化团队建设，把握园区营运方向。体育公园的发展因场地维护、场地管理等方面的因素，使其与普通公园的发展模式有所不同。

2. 体育特色小镇

（1）发展思路

体育特色小镇是指以良好的生态环境为基础，以多样化的、极具参与性与体验性的体育休闲运动（山地运动、水上运动、球类运动、冰雪运动、传统体育运动、特种运动等）聚集为特征，旨在为游客提供休闲、度假、娱乐等功能的综合性小镇。一般以一个或几个核心资源项目为引爆点，形成以休闲为核心的多个参与型体育项目；并充分考虑家庭老、青、幼等不同年龄段人群的体育需求，打造体育休闲、娱乐、教育等拥有完整谱系的项目集聚区。在选址建设体育小镇的时候,需要充分评估当地消费人群总量,选择临近大城市或交通便利(轨道交通)的区块建设。体育特色小镇应实现以企业为主体,政府负责小镇的定位、规划、基础设施和审批服务,引进民营企业建设体育特色小镇的运营模式。体育特色小镇应包括钓鱼、登山、滑板、骑马、保龄球、网球、羽毛球、游泳、溜冰、潜水、放风筝、划船、冲浪等体育运动,满足不同群体的体育休闲需求。

(2)典型案例

——新西兰皇后镇

皇后镇位于新西兰第三大湖泊瓦卡蒂普湖北岸,被誉为"新西兰最著名的户外活动天堂"。小镇依托天然的湖泊与多样的地形地貌,形成了数量众多的户外休闲运动项目,蹦极、高空弹跳、喷射快艇等很多极限运动都发源于此,这里被称作"极限运动的天堂"。皇后镇总人口只有2万人左右,但每年游客量达200万人次,是旅游度假与体育共生式发展的典范。小镇利用域内高山峡谷、激流险滩等自然地形地貌优势,将静态的自然风光开发为具有探险性、挑战性和极强参与性的户外运动,并提供高端住宿、特色餐饮等全方位的旅游度假服务,让体育与休闲旅游互相补益,共生发展。此外,小镇依据四季特点,围绕体育探险打造观光旅游、文化体验、高端度假等多元化产品序列,并充分利用冬季庆典进行小镇推广营销,形成了以探险式休闲为核心的综合型体育特色小镇。

借鉴意义:一是不断改革和完善我国现阶段地方政府对体育小镇开发的资源管理方式。新西兰政府在项目初期进行科学的规划和严密的审核,中后期引进差异化项目,并建立长久监督机制。我国在构建体育小镇时,可以尝试模仿皇后镇模式,建立本地的体育项目运营审核管理会,对即将在本地运营的项目做好审核、监督、管理工作。二是通过市场细分,扩大现有消费群体。皇后镇对本地资源、服务、产品的价格分层模式值得我国体育小镇借鉴。尤其是以自然资源为发展依托的体育小镇,需要注意对小镇资源的优化配置。

——河南嵩皇体育小镇

嵩皇体育小镇位于河南登封,坐落于风景秀美的嵩山三皇寨风景区,由河南嵩皇体育产业有限公司和河南省锦绣智达置业有限公司联手打造,规划占地31平方公里。联合体育、航空、户外、旅游企业共同打造大众化、多元化、体验式的体育旅游小镇。聚焦赛车、航空体育运动、登山、乒乓球等多种运动训练项目为一体,形成融合观光、餐饮、住宿、会务、婚礼、养生等多种元素的户外体育运动主题公园。

借鉴意义：借助著名风景区，探索体育项目集聚。河南登封被誉为"功夫之都""武术之乡"，体育小镇借助于少林寺的影响力和武术产业基地，兴起马拉松、汽车拉力赛、登山等其他运动项目，逐渐向多元化旅游产业方向发展。

3. 社区体育休闲

（1）发展思路

社区体育是社区居民追求健康、娱乐最直接、最有效的方式。要实现社区体育休闲的大环境，就要有一套完善的制度保障和运作管理模式。社区体育休闲的管理模式可以分为管理层和实践层。管理层负责的是对整个社区街道对于休闲体育项目的策划和计划研究，实践层的工作就是由街道办事处具体落实参与休闲体育的群众。首先需要营造外部环境，政府和社区的双重合作，政府在对关系到民生的日常体育设施进行建设时应当考虑到诸多方面，如满足人民群众对于生活休闲健康的需要，把握社区建设施工的力度，扩大社区休闲体育的场地。其次，社区要把体育休闲活动工作作为文化建设、和谐社区建设的重要组成部分，发挥其联系社区居民的精神纽带作用。此外，创建社区体育健身俱乐部和指导员工作站的工作模式。

（2）典型案例

——美国社区体育

美国基层大众体育的行政管理职能主要由地方政府承担。这些基层政府机构设立公园与休闲委员会，管理社区的休闲资源及组织居民的休闲活动。目前美国80%以上的地方政府机构中设立公园与休闲委员会，其余分别设立公园委员会与休闲委员会。公园与休闲委员会是社区体育休闲的综合管理机构，社区体育是其最主要的管理领域。美国政府还十分重视体育社会团体的培育，充分发挥它们的作用。在美国的社区中，一般都建有休闲公园，且通常是休闲体育场、儿童游戏场与公园的结合体，社区中还建有社区体育中心，社区中还建有一些设施简便、造价低廉的草地保龄球场、高尔夫球场、游泳池等。这些公共场地设施一般都免费或低价向社区居民全天开放。

借鉴意义：一是贯彻"管办分离、政事分开"的原则，将体育管理体制从现在的线性结构改为矩阵结构，从行政命令式的"垂直管理"改为资源共享、优势互补的矩阵式管理。二是社区体育组织管理体制由行政主导型向民间主导型转变。

——上海杨浦区社区体育

上海杨浦区在社区体育建设上创新社区体育健身俱乐部和指导员工作站的工作模式。多数社区俱乐部的管理方式是由私人投资的形式,商业味道浓重,上海杨浦区的社区体育健身俱乐部通过专门部门和人员采购健身器材,策划开发新的健身点,政府负责健身点的开发和利用,使它真正成为了居民锻炼健身的好场所,性质变为了民办非企业的性质。另一方面,上海市杨浦区对于社区体育健身俱乐部的开展基本形成了可执行的工作模式,一是为社区健身俱乐部的管理人员设立档案,二是培养专业的体育指导员,三是对体育指导员进行培训学习,并建立奖惩制度。

借鉴意义:上海杨浦区政府在社区建设中起到重要作用,说明实现社区体育休闲的发展首先离不开政府的支持,政府在对关系到民生的日常体育设施进行建设时应当考虑到诸多方面,如满足人民群众对于生活休闲健康的需要,把握社区建设施工的力度,扩大社区休闲体育的场地。另一方面,社区要把体育休闲活动工作作为和谐社区建设的重要组成部分,制定长期规划、年度工作计划与目标,建立有专人负责、经费落实、权责落实、项目落实的激励制度。

4.体育健身俱乐部

(1)发展思路

体育健身俱乐部是以企事业单位、社会团体和个人利用非政府财政拨款举办的,为满足广大人民群众的健身需求,以开展群众体育活动,增进身体健康为主要目标的基层体育组织,可以分为健身会所、健身中心和健身俱乐部三种。体育健身俱乐部主要提供的消费方式分为会员制消费、各种培训课程和普通的日常消费。会员制是健身俱乐部提供的一种主要服务方式,它通过引导健身消费者进行长期的健身消费,而为俱乐部发展提供保证的一种普遍的营销方式。精确的市场定位和目标客户群、规范的教练管理制度、合理的营销方式是体育健身俱乐部经营的基础。

(2)典型案例

——美国健身俱乐部

在国内健身行业进入快速发展阶段之前,美国人已经把健身当作一种生活习惯。目前,美国是世界体育产业最发达的国家,也是全球最大体育健身娱乐市场。美国传统的健身房不仅密度大,覆盖了美国大大小小的城市。而且具有完善齐全的健身器材设备,良好的服务以及会费低廉的特点。美国传统健身房的盈利模式主要以健身房加盟费用、会员会费、私教课程费为主。Planet fitness 和 Anytime fitness 都是美国最大的传统健身房连锁企业。作为传统健身房分支的精品健身工作室在美国也颇受欢迎,是一种非综合性、小型的健身房。精品健身工作室的特点是地方小,项目单一,教练在某一领域更为专业,所以收费也会相对高一些。精品健身工作室涵盖了各种各样的特定健身项目,比如说美国东部目前最为火爆的动感单车 Soulcycle 和 Cyc Fitness。

借鉴意义:虽然美国体育健身产业比较成熟,但是产业营运模式还是在一直不断的演化与提高,很多地方值得我国体育健身俱乐部借鉴,包括行之有效的管理机制、人性化的会员制度等。宏观上我国政府可以建立健全体育健身俱乐部行业管理机构,制定相关的监督机制,约束俱乐部内部管理中可能出现的问题。微观上体育健身俱乐部应建立个性化和人性化服务体系,解决会员制中存在问题,同时丰富体育健身俱乐部的服务形式。

——英派斯健身俱乐部

英派斯健身俱乐部的母公司从健身器械代工开始发展,依托这样的背景,"英派斯健身俱乐部"在 2002 年成立,主要扩张方式是特许经营。大多数健身房的主要成本来自房租、健身器械以及装修和人力成本,其中健身器械成本的比重能够达到 30%~40%。对于英派斯的加盟商来说,依托母公司的背景,可以省掉不少器械成本。国内中高端健身房加盟成本往往在 500 万~600 万元左右,而同样定位的英派斯则只需要 300 万元上下。此外,英派斯的器械数量也会超过其他品牌。以多数健身爱好者热衷的"动感单车"为例,很多健身房配备二十余台机器,会有排队现象,而在英派斯店中能多达 50 台。此外,英派斯也推出了一些健身房没有的健身器材种类。作为特许经营企业,英派斯健身房门店 100 家,加盟店有 80 家左右。目前北京、长春、常州、南京等城市的加盟者都加盟了 3~9 家不等的门店。

借鉴意义:英派斯的经营模式独到,走的是器械起家,主攻特许经营道路。英派斯成功的经验说明,国内健身俱乐部需要差异化发展,根据不同的市场定位,避免产品同质化问题。

5.体育专业赛事

(1)发展思路

体育专业赛事是以体育运动具体项目为比赛内容,按照比赛的统一规则进行选手之间的较量,最终按名次确定选手的体育运动实力。市场开发是体育赛事成功举办的保障，支撑赛事市场开发的三驾马车分别是：品牌建设、商业开发与品牌保护，而招商、赞助开发规划以及赞助商服务隶属于商业开发的一部分。市场开发为赛事获取收入来源，努力让赛事的整体收入"可持续"地增长，则是赛事市场开发的主要任务。保障赛事竞赛组织品质与保障赛事品牌发展目标是市场开发的前提，其次还需要综合平衡各个利益相关方的需求。

（2）典型案例

——北京国际马拉松

随着经济发展水平的提高，国民收入增长，消费升级带动体育休闲产业强势发展。在政策与经济双重驱动下，参与门槛较低的马拉松赛事受到公众热情参与。马拉松长跑作为国际上非常普及的长跑比赛项目，全程距离26英里385码，折合42.195公里，分全程马拉松、半程马拉松和四分马拉松三种。著名的马拉松赛事主要有波士顿马拉松、纽约马拉松赛、伦敦马拉松赛、巴黎马拉松赛、北京马拉松赛等。据中国田径协会数据显示，2014年中国马拉松赛事数量为51场，2015年马拉松赛事官方注册场次和参与人数增长迅猛达到134场，2016年在体育总局注册的马拉松赛事数量翻番达到328场。到了2017年，根据《2017中国马拉松年度报告》，全国共举办了1102场比赛，这些比赛的参赛人数都达到800人以上。其中田协共办的A类赛事达223场，较2016年有83%的巨大增幅。2017年赛事的参与人次达到了498万，而2016的这一数据还是280万人次，在2015年的数据是150万人次。阶梯式的增长说明了在2017年有越来越多的人完成了从不跑步到跑步的第一步。在完赛数据方面，2017年经过田协认证的比赛有26.89万人次完成了全程马拉松，2016年是24.31万人次，增幅较大。举办马拉松的城市数量不断增加，2017年全国有31个省市自治区举办了马拉松赛事，城市达到234座，相比2016年增加了101座。此外2017年中国田径协会认证金牌赛事44场，银牌赛事38场，铜牌赛事79场。国际田联认证的金标赛事5场（北京、上海、扬州、厦门、东营），银标3场（重庆、兰州、广州），以及铜标4场（衡水湖、杭州、太原、深圳）。国家体育总局发布《马拉松运动产业发展规划》中提到，到2020年中国的马拉松赛事场次要达到1900场（800人以上），田协认证赛事达到350场，赛事参赛人数超过1000万人次，马拉松将成为全民参与的体育赛事。马拉松赛带来的产业发展影响巨大，2017年马拉松及相关运动直接从业人口数达72万，间接从业人口数达200万。年度产业总规模达到700亿元，同比去年增长20%。在中国田径协会备案的马拉松赛事运营公司有191家,超过800家的企业赞助马拉松赛事。可以说,马拉松的本体产业蓬勃发展,相关产业基数较大,外围及衍生产业深度融合。

三、研学旅行

(一)总体特征

1. 研学旅行人群不断增加,市场规模不断扩大

研学旅行主要是以中小学生为主,年龄在6~18岁,除此之外还包括一些以研究学习为目的的人,年龄分布广泛。随着我国颁发的一系列关于研学旅行的政策,如:《关于开展中小学生研学旅行的实施意见》《教育部等11部门关于推进中小学生研学旅行的意见》《研学旅行服务规范》《中小学德育工作指南》等。研学旅行成为目前在校学生的刚需,根据《关于开展中小学生研学旅行的实施意见》,各中小学要把研学旅行工作纳入学校教育教学计划。未来的3~5年内参加研学旅行学校的数量会不断增加,研学旅行将会逐渐渗透到全国各地中小学校。研学旅行的市场规模也将不断扩大,据不完全统计,研学旅行市场总体规模将超千亿元。除了以中小学生为主的青年群体,还有成年人和老年群体的研学旅行需要。

研学旅行的模式主要是以周末或者假期举办的冬令营、夏令营、境外游和其他形式的文化交流学习等模式。以团体活动为主,由学校、旅行社、教育机构、留学中介、培训学校等组织。已经初步形成了传统事业单位、专业研学旅行社、非营利性研学旅行组织等多种运营主体共同发展的格局。从发达国家的研学旅行组织结构来看,大约有77%属于专业非营利组织、13%属于营利性企业、10%属于政府和学校等单位。与研学旅行发达的国家相比,非营利性研学旅行组织还有巨大的发展空间。根据中国旅游研究院和携程旅游网大数据联合实验室发布的《2018年暑期旅游大数据报告》,亲子家庭出游占比最高,占到58%。出国旅游越来越低龄化,暑期携程出境游的预订游客中,最低年龄不到1岁。随着中考高考结束、学校放假,00后特别是900多万"高考生"也是暑期旅游的主力。随着家庭收入的提高,人们越来越重视家庭教育的投入,90后出境旅游比例持续增加。中国旅游研究院、携程旅游大数据联合实验室、华远国旅联合发布的《2018年中国赴欧洲旅游趋势报告(第一季度)》显示,从第

一季度游客的性别年龄分析来看，赴欧游的游客女性居多，占总人次的60.4%。50~60岁人群占比25.6%，比例最高。其次是以90后为主的20~30岁人群，占比18.9%，排名第二，比例持续上升。40~50岁年龄段占了18.1%，位列第三。

2.我国研学旅行需求旺盛，课程内容丰富，形式多样

《教育部等11部门关于推进中小学生研学旅行的意见》指出，要将研学旅行纳入中小学教育教学计划。各中小学要结合当地实际，把研学旅行纳入学校教育教学计划，与综合实践活动课程统筹考虑，促进研学旅行和学校课程有机融合。学校要根据教育教学计划灵活安排研学旅行时间，一般安排在小学四到六年级、初中一到二年级、高中一到二年级，并根据学段特点和地域特色，逐步建立小学阶段以乡土乡情为主、初中阶段以县情市情为主、高中阶段以省情国情为主的研学旅行活动课程体系。

研学旅游以教育为本，安全第一，是文化旅游的一种，体验性、教育性、娱乐性、休闲性是其主要特性，与传统旅游相比，研学旅行更加关注目的地的文化旅游资源。随着研学旅行被纳入教育范畴，在教学时间内进行的、带着教学目的的、以近距离旅行为主的研学旅行受到推崇。在研学旅行网中将研学旅行主要分为四个部分，分别是生存体验、素质拓展、科学实践、主题教育。这些活动主要以学习知识为主，动手实践为辅，理论与实践相结合。《意见》中提到研学旅行注重教育性原则、实践性原则、安全性原则和公益性原则。研学旅行与各种旅游资源、旅游产品深度融合，形成了地质科考、传统文化、红色文化、体育运动、主题度假、博物场馆等多样。研学旅行与公益旅行呈现出融合发展的趋势特征，依托研学旅行发展可以促进可持续旅游发展；在开展研学旅行活动，要将自身实际情况与当地特色结合起来，根据现有的爱国主义教育基地、国防教育基地、优秀传统文化教育基地、生态保护区、自然景区、美丽乡村、重大工程基地等资源，有针对性地开发自然类、历史类、地理类、科技类、人文类、体验类等多种类型的活动课程。

（二）研学旅行典型发展模式

1.红色旅游基地

（1）发展思路

红色旅游基地主要是以中国共产党领导人民在革命和战争时期抗击敌人、保家卫国、抛洒热血所形成的纪念地，主要弘扬红色革命精神，培育民族使命为依托，以革命历史和革命事迹为载体，根据革命和战争时期留下的物品作为

展览对象，组织接待旅游者开展缅怀学习、参观游览的地方。红色旅游基地是青少年爱国主义和革命传统教育、国情教育的重要载体，以弘扬社会主义核心价值观为主线，积极开发爱国主义和革命传统教育、国情教育等研学旅游产品。以红色为主题的研学旅游可以打造红色旅游研学示范基地、红色精神培训教育基地；以红色故事为线索打造红色旅游精品线路；还可以创建中国的红色旅游知名品牌，打造国际知名红色旅游目的地。

（2）典型案例

——中国人民抗日战争纪念馆

中国人民抗日战争纪念馆是革命历史类博物馆，于1987年7月7日开馆。现位于北京市丰台区卢沟桥。展厅主要陈列内容是关于抗日战争时期的战略部署以及当时的中国所处的状态等，将抗日战争从开始到结束的整个过程都在纪念馆中展现出来。纪念馆中有藏品有887件，在展览过程中应用现代的科学技术等工具加以辅助，增强观众在参观过程中的真实感和历史感，给人一种身临其境的感觉。

——西柏坡纪念馆

西柏坡纪念馆位于河北省平山县境内，它是解放全中国的最后一个农村指挥所。自1992年以来，西柏坡纪念馆建立起一批爱国主义教育系列工程。这里成为研学旅行的好去处，不但增加了教育项目还拓宽了教育内容。让游客在参观游览过程中不断增强爱国主义教育意识。

——南京大屠杀纪念馆

南京大屠杀死难同胞纪念馆，又称为侵华日军南京大屠杀遇难同胞纪念馆。是中国首批国家一级博物馆，国际公认的"二战"期间三大惨案纪念馆之一，全国重点文物保护单位，首批全国爱国主义教育示范基地和国家级抗战纪念设施、遗址名录。南京大屠杀纪念馆记录着日军在"二战"时期对中国的暴行，同时也让青少年们在参观游览过程中加强爱国主义教育，牢记现在的和平来之不易。

借鉴意义：一是教育意义，红色旅游基地作为理想信念教育、爱国主义教育、革命传统教育、国情教育的重要载体，对青少年成长有不可忽视的教育意义。二是弘扬革命精神，参过游览过程中宣传中国革命故事，让当代青年了解如今的幸福生活是先辈们用热血换来了，要珍惜。三是保护当代文物，让子孙后代铭记红色光辉历史。四是有利于促进学生培育和践行社会主义核心价值观，激发学生对党、对国家、对人民的热爱之情。

2. 生态景区

（1）发展思路

生态景区主要以公园、旅游景区的方式进行发展的，生态景区与一般公园的区别在于有景观特点，能为旅游者提供不一样的景区风光，并且景点里的景观还具有文化内涵。生态景区一般有二大功能分区：一是休闲度假区，生态景区有独特的风景景观，可以满足游客观光的需求。二是知识科普区，生态景区有地质、湿地等不同类型，其中的形成科学性知识多，所以可以在参观过程中边学边游览。

（2）典型案例

——内蒙古自治区赤峰市克什克腾世界地质公园

克什克腾世界地质公园位于内蒙古赤峰市克什克腾旗，主要是研究中国东北部第四纪冰川作用的典型地区，可以通过参观克什克腾世界地质公园来了解内蒙古高原隆升的地学知识。同时也是人们可以了解和学习中国北方近代环境演化及人类迁徙的自然博物馆。克什克腾世界地质公园的主要特色是第四纪冰臼群和花岗岩石林地貌及地质构造。园区内具有10种类型的地质地貌景观分别是冰川地貌、花岗岩地貌、泉类地貌、峡谷地貌、湖泊景观、河流景观、火山地貌、湿地景观、典型矿床及采矿遗迹景观和沙地景观，具有典型的地学意义。

——湖北省宜昌市三峡工程旅游区

三峡风景区是长江重庆白帝城至湖北南津关之间的瞿塘峡、巫峡、西陵峡的总称，全程192千米。长江三峡风景秀丽，景色迷人还有众多的名胜古迹称著于世。在这里先后又有著名大文学家苏洵、苏轼、苏辙、欧阳修、黄庭坚、陆游等亦曾到此一游，留下名篇。三峡将现代工程、自然风光和人文景观完美地融合在一起，是世界著名的旅游胜地和研学教育基地。

——重庆市红岩景区

红岩风景区原为红岩水库，如今已建为安化红岩风景区。风景区以红岩湖为中心，山水资源丰富，属于省级自然保护区，是一处游人休闲度假、游学研学的好去处。在这里不仅可以参观山水美景还可以利用这些山水资源进行学习。

——四川省成都市都江堰旅游景区

都江堰风景区坐落在成都平原西部的岷江上。千百年来都江堰一直发挥着防洪灌溉的作用，它不仅是举世闻名的中国古代水利工程，也是著名的风景名胜区。都江堰附近景色秀丽，文物古迹众多，人们在参观游览过程中，不仅可以领略千年前古人的智慧还可以欣赏周边的美丽风景。

——黄河三角洲湿地

黄河三角洲湿地是世界上暖温带保存最广阔、最完善、最年轻的湿地生态系统，位于山东省东北部的渤海之滨。这里湿地类型丰富，景观类型多样，极适宜鸟类居集，这里已发现将近300种鸟类栖息。来这里进行研学旅行不仅可以学习湿地生态系统还可以学习关于鸟类知识，同时也是摄影拍照的好去处。

——白浪河湿地公园

白浪河湿地公园位于山东省潍坊市，分为休闲度假区、湿地科普区、人文公园区三大景区。整体以生态、自然的建筑为主体，同时以历史文化为主线，打造集生态资源、人文资源、景观资源为一体的湿地公园。

——山东诸城恐龙国家地质公园

山东诸城恐龙国家地质公园位于龙都街道库沟村北，公园先后荣获全国科普教育基地、国土资源野外科学观测研究基地、国土资源科普基地、国家4A级旅游景区、中国最美地质公园、国家文化产业示范基地、中科院恐龙科研科普基地和中国地质科学院地质科研科普基地、省级旅游度假区、山东省五星级科普教育基地、山东省中华文化传承基地和全省十大文化旅游目的地品牌等称号。园内主要地质遗迹类型为白垩纪王氏群地层剖面和密集分布的恐龙化石，拥有世界规模最大的恐龙化石群、足迹群，联合国教科文组织专家组认定为举世罕见的地质奇观。先后出土并命名"巨型山东龙""巨大诸城龙""诸城中国角龙""意外诸城角龙""巨型诸城暴龙""巨大华夏龙""诸城坐角龙"等十多个恐龙新属种。山东诸城恐龙国家地质公园主要建设"一园两城三大基地"。"一园"即：白垩纪公园；"两城"即：恐龙文化城、恐龙科学城；"三大基地"即：恐龙和地质科研科普基地、恐龙动漫影视基地、恐龙娱乐休闲基地。山东诸城恐龙国家地质公园被打造成为集科研、休闲、娱乐为一体的研学旅行盛地。

——安徽黄山

黄山于2004年加入首批世界地质公园网络，是花岗岩地貌"天然博物馆"。黄山因峰岩青黑，遥望苍黛而得名"黟山"，后因传说轩辕黄帝曾在此炼丹，故改名为"黄山"。黄山代表景观有"四绝三瀑"，四绝：奇松、怪石、云海、温泉；三瀑：人字瀑、百丈泉、九龙瀑。黄山迎客松是安徽人民热情友好的象征，承载着拥抱世界的东方礼仪文化。安徽黄山是一个集地质文化知识、特色景观为一体的旅游胜地，是一个研学旅行的好去处。

——内蒙古玉龙沙湖国际生态文化旅游区

红山玉龙沙湖国际生态文化旅游区景区主要是大漠，同时集响沙、草原、湖泊、湿地、怪石、奇松等山川形胜、蒙古风情于一体的国家级AAAA级生态旅游区。这里集蒙古文化、奇特的景观特色作为吸引游客参观的研学实践基地。

借鉴意义：一是注重生态景区保护，将旅游与生态相结合，开发建设生态旅游区、天然氧吧、地质公园、矿山公园、气象公园以及山地旅游、海洋海岛旅游等产品。二是宣传相关知识，在研学旅行过程中边学边玩。三是注重园林艺术，发挥公园特色，将文化知识与公园实质景物相联系。四是在参观游览过程中满足学生日益增长的知识需求，同时培养学生爱护自然、保护生态的好习惯。

3. 博物馆

（1）发展思路

博物馆是将有科学性、历史性或者艺术价值的自然和人类文化遗产的物品进行征集、典藏、陈列和研究，同时为公众提供知识、教育和欣赏的文化教育的机构、建筑物、地点或者社会公共机构。研学旅行在开展过程中科学利用传统村落、文物遗迹及博物馆、纪念馆、美术馆、艺术馆、世界文化遗产、非物质文化遗产展示馆等文化场所开展文化知识普及活动。

（2）典型案例

——青岛贝林自然博物馆

青岛贝林自然博物馆坐落于青岛市北区贮水山儿童公园内，是一个互动体验型的自然博物馆，集科技、文化、旅游、休闲、公益、科普、教育服务功能为一体。贝林自然博物馆开馆至今，已经开展了近百场形式多样的生态文明教育活动及各类公益科普教育活动，这里是研学旅行开展的好去处。

——陕西历史博物馆

陕西历史博物馆位于陕西省西安市，是中国第一批"AAAA"级旅游景点，中国第一座大型现代化国家级博物馆。这里还先后出土了很多历史文物，同时也是周、秦、汉、隋、唐等十三个封建王朝建都的地方，陕西历史博物馆有着陕西独特的历史文化风貌。陕西历史博物馆建成后，集中珍藏陕西地区出土的珍贵文物37万余件，典藏丰富，极具历史价值，科学价值，有着深刻的文化内涵。

——太原市中国煤炭博物馆

中国煤炭博物馆是国家一级博物馆、国家AAAA级旅游景区，是中国唯一的煤炭行业专业博物馆，同时也是煤炭文物标本的收藏机构。博物馆永久陈列的《模拟矿井》是集合了科学性、知识性、趣味性为一体的展馆，它规模大，内容丰富，是全国煤炭行业历史文物、标本、文献、资料的收藏中心，是煤炭工业的科普教育机构、科学研究机构和宣传教育机构。中国煤炭博物馆由于其特殊的功能和地位，被国家文物局、中国科协、原国家旅游局授予"国家一级博物馆""全国科普教育基地""国家AAAA级旅游景区""全国工业旅游示范基地"等称号，被山西省授予"山西省青少年教育基地"和"山西省爱国主义教育基地"等称号。

——长春市长影旧址博物馆

长春电影制片厂是新中国第一家电影制片厂，新中国电影事业的摇篮，创造了新中国电影史上的七个第一。博物馆介绍的内容十分丰富，通过文物保存、艺术展览、电影互动等形式增强了知识性、趣味性，是中小学研学不可不去的地方。在这里不仅可以参观游览还可以动手操作，让孩子们更容易学习和感受电影的魅力。

——上海科技馆

上海科技馆以"自然·人·科技"为主题，是上海市最主要的科普教育基地和重要的精神文明建设基地。完美地将展示与参与、教育与科研、合作与交流、收藏与制作、休闲与旅游融合成为一体，以寓教于乐的形式，使每个来参观的游客在接受现代科技知识的同时还感受到科学精神的力量，同时亲自参与进去更能体会到科学的魅力。

——中国科学院西双版纳热带植物园

中国科学院西双版纳热带植物园是目前中国最大和保存物种最多的植物园，这里是一个集科学研究、物种保存和科普教育为一体的研究机构和景点观赏区，被评为"国家知识创新基地""全国科学普及教育基地""全国青少年科教基地""国家AAAAA级旅游景区""全国文明风景旅游区示范点"。在这里参观不仅可以学习植物的生态习性，还可以近距离观察植物的变化。

——山旺古生物化石国家级自然保护区

山旺古生物化石国家级自然保护区位于山东省临朐县山旺村。其间，保存着1800万年前各种动植物化石。这里的化石种类繁多并且保存完好被誉为"化石宝库""万卷书",是一座古生物化石天然博物馆。同时在地质年代史上,山旺化石属新生代第三纪中新世。

——青岛极地海洋世界

青岛极地海洋世界是一座现代化极地动物展馆。馆内拥有十余种百余只极地动物,及千余种万余只珍惜的海洋动物,是国际上拥有极地海洋动物品种和数量首屈一指的综合性场馆。在组织研学旅行活动中,不仅可以参观海洋动物表演,还可学习相关海洋知识,同时还可以进行投喂体验,与海洋动物有亲密接触。

——中国人民革命军事博物馆

中国人民革命军事博物馆是中国唯一的大型综合性军事历史博物馆。中国人民革命军事博物馆筹建于1959年,是向国庆10周年献礼的首都十大建筑之一。馆内珍藏着34万多件文物藏品,其中还具有很多重大历史价值的文物。军博作为研学旅行参观游览活动的场所,可以让学生在游览过程中了解我国军事的发展历程,同时了解相关历史知识。

——中国地质博物馆

中国地质博物馆以典藏系统、成果丰硕、陈列精美称雄于亚洲同类博物馆,并在世界范围内享有盛誉。中国地质博物馆收藏地质标本20余万件,涵盖地学各个领域。同时,中国地质博物馆还长期开展丰富多彩的社会教育活动。创刊于1981年的《地球》是中国著名的地学科普杂志,科普讲座、科普巡展、科普咨询各种地学科普活动连绵不绝,使中国地质博物馆的社会影响力不断增强,先后被评为"北京市优秀爱国主义教育基地""北京市科普教育基地""全国科普教育基地""全国青年科技创新示范基地""全国青少年科技教育基地"和"全国青少年教育基地"。

借鉴意义:博物馆在研学旅行中起到了重要作用。在内容上一般分为美术馆、历史博物馆、人类学博物馆、自然历史博物馆、科学博物馆、地区性博物馆及特别专题博物馆等。培育以文物保护单位、博物馆、非物质文化遗产保护利用设施和实践活动为支撑的体验旅游、研学旅行。

4.科学技术场馆

(1)发展思路

研学旅行要和科技相融合,充分利用科技工程、科普场馆、科研设施等发展科技旅游。科学技术场馆是对公众进行科普教育的公益性机构,是中国重要的科普教育基地和精神文明建设基地。在开展科学技术场馆的研学旅行活动中，要扶持旅游与文化创意产品开发、数字文化产业相融合的旅游产品。

（2）典型案例

——天津滨海航母主题公园

滨海航母主题公园是国家"AAAA"级旅游景区，以苏联"基辅号"航母为依托，包括世界航母博物馆、兵器模型展、世博天津馆、码头广场、4D影院、航母野战营等项目。同时具有航母观光、武备展示、主题演出、会务会展、拓展训练、国防教育、娱乐休闲、影视拍摄等作用，是一座大型军事主题公园。

——酒泉市中国酒泉卫星发射中心

酒泉卫星发射中心又称"东风航天城"，简称JSLC，是中国科学卫星、技术试验卫星和运载火箭的发射试验基地之一，是中国创建最早、规模最大的综合型导弹、卫星发射中心，也是中国目前唯一的载人航天发射场，适合开发以天文知识为主题的研学活动。

——明月海藻科技馆

作为一家以海洋大型褐藻为原料生产海洋生物活性物质产品的高科技企业，明月海藻集团出了专注于海藻科技研发之外，还致力于海藻知识的普及。它是由青岛明月海藻集团倾力打造的社会公益科普项目，是一个以海藻生物为主题，集海洋科普教育、海藻科技与产业展示、海洋健康生活体验等于一体的现代化科技展馆。

借鉴意义：科学技术馆让人更加了解中国当代先进科学知识，了解科学文化内涵。科技馆主要是两个方面进行展览。一是科普教育活动，举办科普剧表演，在快乐的气氛下学习科学文化知识。二是主题科普展览，可以吸引对该主题热爱的人来参观学习。同时还可开展部分体验活动，让对该主题感兴趣的同学尝试。

5. 名人故居

（1）发展思路

名人故居是指已经被证实的在历史上文人墨客、政治家等具有一定影响力的人物曾经居住的地方，是一种特殊的文化载体。故居在经过岁月的洗礼还保留曾经的主人生活的迹象，人们在参观游览过程中可以通过故居与作品相结合的形式，勾连出当时人们生活的景象。名人故居具有一定的文化价值，所以要重视名人故居保护。

（2）典型案例

——绍兴市三味书屋——鲁迅故里

三味书屋是晚清绍兴府城内著名私塾，也是鲁迅12~17岁求学的地方，位于都昌坊口11号。塾师寿镜吾（晚署镜湖），是一位方正、质朴和博学的人。他的为人和治学精神，给鲁迅留下难忘的印象。鲁迅在其书《朝花夕拾》中曾提到过在这里求学的经历。他在书中所描写的三味书屋的景观与现实中保存一致。从房屋建筑到室内陈设以至周围环境，基本保持当年原面貌。

鲁迅中国现代伟大的无产阶级文学家、思想家和革命家，其代表作很多，对中国的现代文学有着深远影响。

——曲阜市三孔景区

山东济宁曲阜的孔府、孔庙、孔林，统称"三孔"，是中国历代纪念孔子，推崇儒学的表征。它的建筑规模宏大，有着很多珍藏的文物，由于历史悠久，沉淀下深厚的文化，极具科学价值、历史价值。

孔子是中国古代一位对后世影响至为深远的伟大思想家、政治家、教育家。他所创立的以仁政德治为核心的儒家学说被奉为封建社会的正统思想，他被尊为"至圣先师""万世师表"。

借鉴意义：名人故居重要的是精神的体现，是中华民族文化的传承，是非物质的。三味书屋的保护鲁迅先生在书中所描述的基本保持一致，让后人们可以切实体会到当年鲁迅先生的求学过程；三孔景区的建立意味着人们在传承文化的同时没有忘本。在参观名人故居时还了解到他们的著作和生平故事，在游览过程中学习，寓教于乐。

6.文化场馆

（1）发展思路

研学旅行要深入挖掘历史文化、地域特色文化、民族民俗文化、传统农耕文化等，实施中国传统工艺振兴计划，提升传统工艺产品品质和旅游产品文化含量。文化场馆可以作为文化传播的场所，将特色文化收集、展览出来，让人们认识学习。

（2）典型案例

——安徽省宣城市中国宣纸文化园

宣城是"中国文房四宝之城"，宣纸制作工艺还被列入了人类非物质文化遗产名录。在中国宣纸文化园进行研学旅行不仅可以参观到传承千余年的古法宣纸制作工艺，了解纸、墨、笔、砚、扇、纸帘等制作工艺，而且可以亲身体验纸、墨、笔、砚、扇、纸帘的制作。动手实践下可以更好地让游客感受中国文化的魅力。

——崂山二月二农场

坐落在青岛崂山区王哥庄街道的二月二农场可以说是一个具有中国传统特色的原生态农场，这里有传统石磨豆腐制作、崂山剪纸、茶艺体验、纸艺、篆刻、崂山凉粉制作体验等传统民俗文化体验项目十多个。农场于2013年先后获得国家3A景区、山东省农业旅游示范点、青岛市乡村旅游特色点等称号。这里不仅自然生态环境良好还有着自己特有的研学旅游项目，是一个很好的研学旅行去处。

——贺兰山市岩画遗址公园

贺兰山随着地质的运动与历史的演进，成为人类文化史、宗教史、原始艺术史的福地，有着古岩画和古人类文化遗迹。还是全国重点文物保护单位、国家AAAA级旅游景区、中国首批自然与文化双遗产、中国最值得外国人去的五十个地方之一、中华文化溯源地、国际岩画峰会永久会址、史前人类的文化艺术长廊、全国研学旅游示范基地。

借鉴意义：以民俗文化、中国手工艺为引开展研学旅行，在动手实践过程中学习传统文化知识。应用文化场馆作为文化展览平台，推进文化建设体系的科学应用，实现地域特色。研学旅行的内容和形式是多样的，文化场馆的内容与研学旅行内容相结合，带给旅游者不一样的体验模式。另外，文化场馆的建立还可以保护一些传统文化不在时间的长河中被消磨掉。

7. 示范性基地

（1）发展思路

《教育部等11部门关于推进中小学生研学旅行的意见》中表明：示范性基地要满足研学旅游基础好，自然文化底蕴深厚，有着丰富多彩的旅游产品、成熟的旅游线路和优越的交通区位等条件，根据研学旅行育人目标，结合域情、校情、生情，依托自然和文化遗产资源、红色教育资源和综合实践基地、大型公共设施、知名院校、工矿企业、科研机构等，遴选建设一批安全适宜的中小学生研学旅行基地，要以基地为重要依托，积极推动资源共享和区域合作，打造一批示范性研学旅行精品线路，逐步形成布局合理、互联互通的研学旅行网络。各基地要将研学旅行作为理想信念教育、爱国主义教育、革命传统教育、国情教育的重要载体，突出祖国大好风光、民族悠久历史、优良革命传统和现代化建设成就，根据小学、初中、高中不同学段的研学旅行目标，有针对性地开发自然类、历史类、地理类、科技类、人文类、体验类等多种类型的活动课程。

（2）典型案例

——潍坊市中小学生示范性综合实践基地

以潍坊市中小学生示范性综合实践基地为中心，这里动植物资源丰富，气候适宜，有着良好的生态自然风光。河流、湖泊众多，有着特有的地域优势，形成山东特色的自然生态研学旅行。

——晋中市中小学示范性综合实践基地

晋中市中小学示范性综合实践基地分设综合实践区、运动体验区以及生活区三大核心功能区域。以发展学生的实践能力和创新精神为依据，以先进性和引领性为原则，以"创新、科技、实践"为支撑，开展研学旅行，成为研学旅行示范性综合实践基地。

——铜陵市示范性综合实践基地

铜陵市示范性综合实践基地以"基地＋学校"的互动教育模式，全面开展综合实践活动，培养学生动手能力和创新精神，增强学生社会责任感，提高学生综合素养。

——乌鲁木齐市青少年综合实践教育中心

乌鲁木齐市青少年综合实践教育中心以推进青少年综合实践教育为核心，全面开展综合实践课程学习和社会实践教育活动，培养学生综合能力。打造成一个全面实施素质教育的综合型智慧园区。

借鉴意义：示范性基地深挖当地特色，打造主题品牌，设计研学产品，完善配套设施，以学校为主体开展研学旅行。其运营良好、产品丰富、主题突出、服务规范、安全有序、政策优惠等优势吸引着很多人参加。

8. 公益研学

（1）发展思路

公益研学主要以公益志愿的形式带动志愿者前往研学旅行地点参加公益活动，给当地的村民提供帮助以此来带动当地经济。政府应推动公益研学，可以实施相关政策，与高校合作，让大学生们在公益活动中发挥双重作用，不仅解决当地教育、生态问题还可以体验民生，帮助政府了解民情。

（2）典型案例

——"乐善行"

在高校和地方政府的配合下，国内的专业公益旅行组织"乐善行"策划了"大学生草原行"项目，前往内蒙古自治区呼伦贝尔市鄂温克族自治旗嘎鲁图嘎查。其主要任务是拓展牧民的社会关系网络，促进旅游业、文化产业、民族手工业等发展，使其在城乡统筹、新农村建设、县域经济发展战略的推动下，逐渐开拓新的发展道路。这个地方主要是以牧业为主，草原面积占很大比重。在产业结构方面也是以畜牧养殖为主要结构，牧民的很大收入都来源于畜牧。

——"地球守望者"

地球守望者（Earthwatch Institute）成立于1971年，是世界上最大的、以保护全球环境为己任的、国际非营利性野外科研志愿者组织。地球守望者鼓励并动员野外科研爱好者们直接投身到野外科学探险和研究中去。在全球范围内开展了数百个野外科研项目，接受志愿者的捐助并安排他们以"科研志愿者"的身份参加野外科学研究项目。迄今为止，该研究所共组织了9万多名志愿者为科学家义务工作，使分布在全球119个国家和40个地区的4000多个科研项目受益。这一独特的模式正在系统地改变着公众对科学在环境可持续性方面的作用的看法。

借鉴意义："乐善行"是一项公益活动，在活动意义上与传统研学的不同之处在于除了提升参与者的能力之外还在其他方面帮助活动当地人增加经济来源和必要的社会帮助。一是帮助当地农牧产品和手工艺品打开市场销路。二是通过充分挖掘梳理当地文化和历史，能够保护传承少数民族的传统民俗。三是公益旅行者将自己学到的知识与当地生产生活实践相结合，能为当地居民创收、为政府出谋划策。四是有助于摸清当地发展状况，并创新政府工作方式。"地球守望者"可以使人们更加关注海洋健康、野生动物和生态系统、气候变化与缓解全球变暖、考古和文化等领域，同时参与人员广泛，涉及领域众多，带领更多青年人投身于环境保护中去。

四、康养旅游

(一) 总体特征

1. 老龄社会的客观需求，时代发展的必然产物

康养旅游是以中老年人为主体对象（除身体不好的老年人还有随着现代社会快节奏衍生出来一部分亚健康人群）以良好的自然生态环境、人文活动环境为载体，以强身健体、修养身心、医疗康复、延年益寿为主要目的，以旅游观光、休闲度假、运动康体、医疗保健、养心养颜、健康膳食等形式使人在身体、心智和精神方面都达到自然和谐的优良状态的旅游活动。

根据《"十三五"国家老龄事业发展和养老体系建设规划》中的数据显示，预计到2020年，全国60岁以上老年人口将增加到2.55亿人左右，占总人口比重提升到17.8%左右；高龄老年人将增加到2900万人左右，独居和空巢老年人将增加到1.18亿人左右，老年抚养比将提高到28%左右；用于老年人的社会保障支出将持续增长；农村实际居住人口老龄化程度可能进一步加深。因此，中国在康养方面存在着巨大的市场需求，人口老龄化程度持续加深，高龄和失能老年人数量增加。我国空巢老人、独居老人增加，人口老龄化趋势严重，这些都标志着康养旅游将会成为最有开发前途和发展朝气的新兴产业。要真正把康养旅游做起来首先要建立医养结合规范化培训基地，培养医养结合的基层医学人才，提升基层照护人员识别、评估老年人各种风险的技能。同时，国家在政策方面上鼓励养老机构内设中医科或康复科，推进中医药与养老产业结合，建立健全"医、养、康、护"综合服务体系。

以北京市为例，截至2017年年底，北京市常住老年人口358.2万，占总人口比重为16.5%。其中，户籍老年人口333.3万，占户籍总人口的24.5%，80岁及以上高龄老年人口占老年人口的16.2%，完全失能老年人口占老年人口的5.5%，呈现出老龄人口增长迅速和高龄、失能老年人口数量增加的趋势。截至2017年年底，北京市经批准独立内设医疗机构且通过医保定点审定的养老机构达80家，引入医疗机构分支或经卫生部门批准内设医疗机构的达63家，与周边医疗机构签订书面协议的达286家。

随着时代的发展，人们长期处于快节奏的都市生活中，逐渐出现亚健康的情况。亚健康是处于健康与疾病之间的临界状态。根据世界卫生组织研究，70%的人处在"亚健康"状态。亚健康人群一般不需要药物治疗，可以通过饮

食、规律生活、身心放松、运动等方面来调理，以非药物性的方式来恢复身体原有的生理功能。因此康养旅游所开展的强身健体、健康膳食等活动势必受到大家的喜爱。

2. 康养小镇环境好、产业特色鲜明、产品内容丰富

康养旅游小镇要有良好的生态环境和气候条件，在此基础上结合当地特色，根据市场需求，融合不同产业体系建造康养旅游小镇。"康养+宗教、康养+长寿、康养+温泉、康养+医药"等"康养+"模式构建生态体验、度假养生、温泉水疗养生、森林养生、高山避暑养生、海岛避寒养生、湖泊养生、矿物质养生、田园养生等养生业态。康养旅游是以健康为主的，如养老产业、休闲农业产业、度假休闲、健康食品产业、体育产业等，形成生态养生健康小镇产业体系。

康养小镇将健康疗养、医疗美容、生态旅游、文化体验、休闲度假、体育运动、健康产品等业态聚合起来，康养旅游产品丰富。

（1）医疗旅游产品：疾病治疗类、整形美容类、养生保健类、休闲度假类、医药购物类。

（2）中医药旅游产品：中医药观光旅游、中医药体验旅游、中医药购物旅游、中医药会展旅游、中医药治疗旅游。

（3）中医药康养旅游产品体系：养生保健类、医疗保健类、美容保健类、观光与文化体验类、购物旅游类、生态康养类、学术会展类、民族特色医药类。

（二）康养旅游典型发展模式

1. 宗教文化

（1）发展思路

以宗教文化为主体类型的康养旅游要以历史文化、少数民族文化、宗教文化等为特色，应该遵循旅游发展规律和旅游市场的需求，打造"养心"的文化系列特色旅游项目。发展宗教文化产品，开展以宗教文化为主的康养旅游活动。同时还要打造佛教、道教等宗教文化场所，将旅游与宗教完美地结合起来。

（2）典型案例

——**武当山太极湖**

武当山太极湖生态文化旅游区由太极湖新区和太极湖旅游区组成，是集旅游观光、休闲娱乐、养生养老、度假于一体的综合度假区。武当山上的道教、武术、音乐、养生、道医、道药、道茶，千百年的文化积淀吸引着无数游人

前往。

借鉴意义：武当山太极湖依托道教、佛教等宗教文化资源，打造集宗教文化养生体验、养生教育、休闲度假、养老等于一体的综合度假区。同时，该地依山傍水，景色迷人，又有着深厚的文化积淀，使得该地的康养旅游深受人们喜爱。

2. 长寿文化

（1）发展思路

对于康养旅游要打造统一的康养旅游形象口号，树立康养旅游品牌特色。根据现代人对生命和健康的重视，可以主打健康长寿的旅游口号，如"中国长寿之乡""中国康乐之乡""中国养生之都"等，建立康养旅游小镇，将康养品牌打出去。

（2）典型案例

——浙南健康小镇

小镇位于龙泉市兰巨乡，背靠国家级自然保护区龙泉山，是长寿龙泉第一乡，这里不仅青山绿水，空气好，同时药材资源也相当丰富。小镇可以利用其得天独厚的生态条件、医药资源和长寿特色，发展农业观光、健康餐饮、休闲娱乐、养生度假等多功能的健康长寿小镇。

——巴马

巴马瑶族自治县，被誉为"世界长寿之乡·中国人瑞圣地"。巴马长寿养生国际旅游区被列为广西三大国际旅游目的地之一。目前，巴马已初步形成居家养老为主、机构养老为辅、休闲养生养老为特色的养老服务形式，形成全国养生养老示范基地。

借鉴意义：浙南健康小镇除了良好的生态环境还有丰富的中医药资源，巴马依托长寿文化，大力发展长寿经济，形成食疗养生、山林养生、气候养生等为核心，以养生产品为辅助的健康餐饮、休闲娱乐、养生度假等功能的健康养生养老体系。

3. 温泉文化

（1）发展思路

康养旅游是结合本地特色优势，融合治疗、康复与旅游观光，开发日光、水疗、地热、海滨、森林、温泉等特色健康旅游线路，通过气功、针灸、按摩、理疗、矿泉浴、日光浴、森林浴、中草药药疗等多种服务形式，提供健康疗养、慢性病疗养、老年病疗养、骨伤康复和职业病疗养等特色服务。温泉中含有对人身体有益处的微量元素，对养生有一定好处。因此在发展温泉文化过程中应重视"温泉+"模式，将温泉文化与其他相结合，打造以温泉为特色的健康养生小镇。

（2）典型案例

——灰汤温泉小镇

小镇位于湖南宁乡灰汤镇，泉水水温高达89.5℃，是中国三大著名高温复合温泉之一，温泉水量丰富。现结合温泉发展"温泉+"模式，现已开发建设有温泉酒店、温泉游泳馆、高尔夫练习场等各种休闲建设设施、疗养体检中心等，是集温泉养生、运动休闲、会议培训、健康体检于一体的温泉小镇。

——白石山温泉康养小镇

白石山温泉康养小镇有着独特的自然环境和丰富的地热资源，可以建造成集"医疗康养、温泉休闲度假、山地运动健身、绿色生态观光、文化创意体验、国际交流平台"于一体的康养旅游产业，同时融入当地民俗文化、特色生态农业，深度挖掘历史及文化内涵，聚焦资源优势，打造"温泉+生态""温泉+文化"等"温泉+"模式的康养旅游产业。

借鉴意义：依托温泉这一独特的核心资源，发展"温泉+"特色产业，如温泉+养生、温泉+会议、温泉+运动等，形成健康、养生、休闲娱乐等温泉养生特色小镇。以温泉为主体特色，同时结合其他资源打造特色养生服务小镇。

4. 医养结合

（1）发展思路

《关于促进健康旅游发展的指导意见》，提出了"五个发展"：发展丰富健康旅游产品、发展高端医疗服务、发展中医药特色服务、发展康复疗养服务、发展休闲养生服务。以进一步推动健康旅游产业的发展，同时加大对健康旅游产业的政策支持，使之更合法、更规范。《"健康中国2030"规划纲要》更是把健康推向一个新的高度，为健康产业的发展提供了有力支持，为康养特色小镇的开发建设指明了方向。

（2）典型案例

——大泗镇中药养生小镇

小镇位于江苏大泗镇的中药科技园，该园主要以中药材种植为中心，产学研相结合的示范性中药科技园。小镇以中药科技园为核心，以休闲娱乐、中药养生、医疗器械产业作为产业发展的核心要点，同时辅以舞台文化、养老、生态农业等多个配套产业，打造中药文化、养生文化、旅游文化的平台。

——绿城乌镇雅园

有一定的环境资源，为老年人打造集养老居住、医疗护理、休闲度假为主要功能的养老小镇。项目位于浙江乌镇，依托原生态自然环境，为高质量的老年群体建设有养生度假酒店、医疗公园、国际养老护理中心、颐乐学院、养老居住等功能板块，打造的集健康医疗、养生养老、休闲度假为一体的特色养老小镇。

——旗山国际森林疗愈养生小镇

福州旗山森林温泉度假村位于旗山国家森林公园脚下，是首批全国森林养生9大试点基地。小镇的建造主要依托旗山国家森林公园丰富的森林资源，以旗山森林温泉度假村为基础，打造旗山国际养生医疗旅游示范区，大力发展森林旅游与森林康养产业。将小镇建成一个国家级的旗山国际医疗旅游示范区和两大基地：森林康养示范基地、医疗产业基地，以特色小镇、美丽乡村为核心的国际生态旅游与康养产业。

借鉴意义：依托医药产业/医药文化发展医药产业，推动健康养生、休闲度假等产业发展的医养特色小镇。绿城乌镇雅园和旗山国际森林疗愈养生小镇建立了健全医疗卫生机构与养老机构合作机制，建立养老机构内设医疗机构与合作医院间双向转诊绿色通道，为老年人提供治疗期住院、康复期护理、稳定期生活照料以及临终关怀一体化服务。大泗镇中药养生小镇大力开发中医药与养老服务相结合的系列服务产品，举办以中医药健康养老为主的护理院、疗养院，建设中医药特色医养结合示范基地。

5.生态文化

（1）发展思路

依仗康养小镇的青山绿水、田园风光，以当地良好的生态文化为基础，大力营造生态景观，重点建设养生养老、生态种植等健康产业。依托各地旅游和养生资源，将休闲度假和养生保健、修身养性有机结合，拓展养生保健服务模式，针对不同人群需求特点，打造居住型养生、环境养生、文化养生、调补养生、美食养生、美容养生、运动养生、生态养生以及抗衰老服务和健康养老等一系列旅游产品。

（2）典型案例

——平水养生小镇

小镇位于浙江平水镇，境内生态资源丰富，拥有78%的森林覆盖率。文化底蕴深厚，积极培育和引导养生养老产业项目，建造集健康、养生养老、休闲旅游为一体的综合性养生小镇。

——剑阁康养度假休闲田园特色小镇

项目位于四川省广元市剑阁县。该地气候温和，温度适宜，适合养老养生。同时也适宜各种生态农产品的生产。基地范围内林业资源丰富，森林覆盖率较高，水资源条件较好，有利于生态景观营造，为旅游活动和康养提供了环境支撑。

——三亚

三亚位于海南岛的最南端，是中国最南部的海滨旅游城市，是中国空气质量最好的城市，全国最长寿地区，平均寿命为80岁。三亚市又被称为鹿城，有"东方夏威夷"的称号，位居中国四大一线旅游城市"三威杭厦"之首，拥有全国最美丽的海滨风光。

——西双版纳

西双版纳傣族自治州，为云南省最南端。这里以美丽的热带雨林自然景观和少数民族风情而闻名于世。在这片富饶的土地上，有占全国1/4的动物和1/6的植物，是名副其实的"动物王国"和"植物王国"，是中国的热点旅游城市之一。

借鉴意义：以原生态的生态环境为基础，以健康养生、休闲旅游为发展核心，重点建设养生养老、休闲旅游、生态种植等健康产业，一般分布在生态休闲旅游景区或者自然生态环境较好的区域。

6. 中药健康旅游示范区

（1）发展思路

《"十三五"旅游业发展规划》中提到促进旅游与健康医疗融合发展。鼓励各地利用医疗资源和特色资源的优势，建设一批健康医疗旅游示范基地。发展中医药健康旅游，启动中医药健康旅游示范区、示范基地和示范项目建设。

（2）典型案例

——石斛特色小镇

石斛小镇坐落于德州市庆云县尚堂镇，尚堂镇以沃森铁皮石斛为依托，发展健康科技农业，借助现代科技农业，推动农村休闲观光、旅游度假、采摘体验等逐步产业化。目前集中建设成为以草药种植示范、现代农业观光、健康养生体验、特色文化休闲于一体的中国北方石斛小镇，创建全国中药健康旅游示范区和示范基地。

借鉴意义：以当地特色石斛为康养健康旅游示范区和示范基地的建设依据，打造草药种植示范、现代农业观光、健康养生体验、特色文化休闲于一体的石斛小镇。发挥中医药特色优势，使旅游资源与中医药资源有效结合，形成体验性强、参与度广的中医药健康旅游产品体系。大力开发中医药观光旅游、中医药文化体验旅游、中医药特色医疗旅游、中医药疗养康复旅游等旅游产品，推进中医药健康旅游产品和项目的特色化、品牌化。鼓励开发以提供中医医疗服务为主要内容的中医药健康旅游主题线路和特色产品。